Für Manfred,
r in der schwierigsten Phase dieses Buches
rch die Kraft seines geistlichen Amtes
starke Unterstützung leistete.

Ga

Die Habsb

der n

c

Gabriele Praschl-Bichler

Die Habsburger und das Übersinnliche

Die Weiße Frau in der Hofburg und andere Phänomene

Mit einem Beitrag des Parapsychologen Peter Mulacz und 69 Abbildungen

Amalthea

Zur Rechtschreibung

Die Autorin legt großen Wert darauf, daß der vorliegende Band nach der *alten Rechtschreibung* wiedergegeben wird. Die Entscheidung bezieht sich auf die Sinnwidrigkeit der meisten neuen Regeln und darauf, daß sie sich gegen die deutsche Sprache selbst – eines der größten und ältesten Kulturgüter, das wir besitzen – richten. Ein gewachsenes Ganzes, etwas sich ständig Neu- und Weiterentwickelndes kann nicht auf einen Schlag per Gesetz geändert und neu verordnet werden. Ganz abgesehen davon, daß man von keiner Neuerung sprechen kann, da man schon unter Kaiser Franz Joseph nach der sogenannten neuen Rechtschreibung schrieb.

Bildnachweis

Alle im Buch verwendeten Fotos entstammen Privatarchiven.

Besuchen Sie uns im Internet unter:
http://www.amalthea.at

Umschlaggestaltung: Wolfgang Heinzel
Herstellung und Satz: VerlagsService Dr. Helmut Neuberger
& Karl Schaumann GmbH, Heimstetten
Gesetzt aus der 11 Punkt Adobe Garamond
Druck und Bindung: Ueberreuter Buchproduktion, Korneuburg
Printed in Austria
ISBN 3-85002-507-1

Inhalt

1.
Die Habsburger und das Übersinnliche – Prophezeiungen, Erscheinungen, Spuk

Eines vorab weg: Wer an übersinnlichen oder – wie Parapsychologen*) sie korrekterweise nennen – »außersinnlichen« Erscheinungen zweifelt, dem sei sein Argwohn und seine Zurückhaltung belassen. Er möge das Vorhandensein der Phänomene weiterhin gerne anzweifeln, und er sollte auch von niemandem dazu genötigt werden, dieses Buch zu lesen. Falls ihn die Lektüre aber trotzdem interessiert, sei sie ihm unbenommen und herzlich zugeeignet. Vielleicht wird er sich danach auch eine neue Meinung bilden. Denn die auf den folgenden Seiten wiedergegebenen Geschichten sind nicht der Phantasie eines Romanschriftstellers entsprungen, sondern haben genauso in der Wirklichkeit stattgefunden. Nichts wurde ergänzt, nichts wurde weggelassen. Alle Erlebnisse entstammen entweder dem wissenschaftlichen Bestand der Parapsychologie oder sie wurden der Autorin zum ersten Mal von den Betroffenen oder deren Nachkommen weitergegeben: und zwar ausschließlich von ernsthaften Personen, die alle eine Gemeinsamkeit teilen, nämlich von der ehemaligen österreichischen Kaiserfamilie abzustammen. Die mei-

*) Parapsychologie ist die Wissenschaft, die sich mit »paranormalen« Phänomenen beschäftigt. Dazu gehören außersinnliche Erscheinungen – wie Voraussehen, Visionen; bestimmte Fähigkeiten – wie Gedankenlesen, Telepathie, das Zurückfallen in eine andere Zeit und eine Menge von Ereignissen wie der Poltergeist und die Psycho- oder Telekinese, wobei Gegenstände durch gedankliche Energie bewegt werden u.v.a.m. Unter dem Parapsychologen versteht man den ausführenden Wissenschaftler.

Kaiser Franz Joseph im Kreis seiner Familie: Seine Nachkommen und die Nachkommen seines Bruders Erzherzog Carl Ludwig (ganz hinten Mi.) haben die meisten der in diesem Buch wiedergegebenen paranormalen Vorfälle erlebt.

sten von ihnen sind (oder waren) Akademiker, manche von ihnen verfüg(t)en über mehrfache Graduierungen. Die meisten Kontaktpersonen arbeite(te)n auf wissenschaftlichem Gebiet und waren an der Veröffentlichung von Publikationen beteiligt. Diese Grundlage hat die Zusammenarbeit sehr erleichtert, da sich alle Erzähler stets um eine klare und nüchterne Darstellung bemühten. So war eine gute Voraussetzung zur Aufarbeitung des heiklen, in diesem Band behandelten Themas über Prophezeiungen, Erscheinungen und Spuk geschaffen.

Es bleibt aber unbestritten, daß nicht alles, was je über paranormale Phänomene erzählt wurde, wirklich wahr ist und genauso stattgefunden hat. Denn selbstverständlich gibt es auch Menschen, die sich die Vorkommnisse nur einbilden.

Sei es, daß sie überempfindliche Charaktere haben, sei es, daß sie über eine rege Phantasie verfügen oder sei es auch nur darum, daß sie glauben *wollen*, eine bestimmte übersinnliche Begabung zu besitzen. So verhält es sich zum Beispiel mit all jenen Menschen, die sich ganz stark auf die Erfüllung eines bestimmten Wunsches konzentrieren und dafür bereit sind, Rituale – welcher Art auch immer – zu vollführen, um dieses Ziel zu erreichen. Dafür ist man jederzeit bereit, auf die ältesten und sinnlos scheinenden Bräuche zurückzugreifen, die seit Beginn der Menschheit existieren. Nicht einmal die Mitglieder der europäischen Herrscherhäuser haben davor zurückgeschreckt, sich ihrer im Bedarfsfall zu bedienen. Als ein Beispiel von vielen kann der Besuch einer heidnischen Kultstätte herangezogen werden, die eines Tages auch die damalige Königin von Frankreich aufgesucht zu haben scheint. Warum sie das tat und was sie sich davon erwartete, wird in den folgenden Zeilen erklärt: »In der Umgebung von Verdun setzen sich die kinderlosen Frauen auf einen Felsen, der die Umrisse einer sitzenden Frau aufweist und in der Gegend der ›Stuhl der heiligen Lucie‹ genannt wird. Sie sind überzeugt, daß dadurch ihre Kinderlosigkeit behoben wird, und es heißt, daß Anna von Österreich*) vor der Geburt Ludwigs XIV. ebenfalls hier gesessen sei.« (Flammarion, S. 31)

---

*) Anna von Österreich entstammte der spanischen Linie der Habsburger. Sie war eine Enkelin Kaiser Karls V. und Tochter König Philipps III. von Spanien. 1615 hatte sie König Ludwig XIII. von Frankreich geheiratet und sollte gemeinsam mit ihm 23 Jahre lang auf die Geburt des ersehnten Sohnes und Thronerben warten. Bei ihrer Heirat war sie 14 Jahre alt gewesen, zum Zeitpunkt, als sie das erste Mal Mutter wurde, 37 Jahre. Zwei Jahre später gebar sie einen zweiten Sohn, ihr letztes Kind, den späteren Herzog Philipp I. von Orléans. Er wurde der Stammvater aller heute noch lebender Bourbonen aus der Linie der Könige von Frankreich.

Unter den Mitgliedern der österreichischen Kaiserfamilie, die im 19. Jahrhundert lebten, galt Kaiserin Elisabeth als besonders abergläubisch. Um das sogenannte »Böse« von sich abzuwehren, trug sie stets eine Menge Glücksbringer und Amulette mit sich. Ein Leben lang wich sie den Blicken der (nach Volksglauben) unheilbringenden Raben aus und vermied aus Angst vor Spuk und Erscheinungen Gänge in der Dunkelheit. Hauptsächlich scheint eine außerordentlich rege Phantasie Schuld an ihrer Furchtsamkeit getragen zu haben. Ein anderer Grund, warum paranormale Phänomene damals ständig präsent waren, lag am herrschenden Zeitgeist. Denn zu Elisabeths Lebzeiten war es geradezu »Mode« geworden, mit der außersinnlichen Welt in Kontakt zu treten. Da auch sie »chic« sein wollte, nahm sie – wie übrigens etliche Mitglieder der kaiserlichen Familie – an spiritistischen Zirkeln teil. Neben all diesen Einflüssen von außen war sich die Kaiserin zudem ganz sicher, eine übersinnliche Begabung zu besitzen. Vor allem meinte sie, jederzeit mit Verstorbenen in Kontakt treten und sich mit ihnen austauschen zu können. Welche Erlebnisse sie dabei hatte und wieviel Erfolg ihr beschieden war, ist auf den Seiten 96 ff. nachzulesen. Wie seine Mutter und etliche andere Habsburger hat auch Kronprinz Rudolf an »mediumistischen Séancen« teilgenommen. Noch intensiver hat sich seine einzige Tochter Elisabeth, spätere Prinzessin Windisch-Graetz, mit der außersinnlichen Welt auseinandergesetzt. Sie hat gemeinsam mit einem der bedeutendsten Wissenschaftler ihrer Zeit Poltergeist-Erscheinungen untersucht und mit ihm parapsychologische Experimente geleitet.

Wenn man von den Habsburgern und paranormalen Phänomenen spricht, darf man die zahlreichen Prophezeiungen nicht vergessen, die – bei Nostradamus begonnen und bis in

Zu Kaiserin Elisabeths Lebzeiten war es geradezu »Mode« geworden, mit der außersinnlichen Welt in Kontakt zu treten. Da auch sie »chic« sein wollte, nahm sie – wie etliche Mitglieder der kaiserlichen Familie – an spiritistischen Zirkeln teil.

die Zeit des Ersten Weltkriegs reichend – niedergeschrieben wurden und später auch tatsächlich eingetroffen sind. Selbstverständlich haben Weissagungen, Spuk und Erscheinungen mit dem Niedergang der Monarchie aber nicht ihr Ende genommen. Vielmehr geistert und poltert es noch immer heftig in den meisten ehemaligen habsburgischen Palästen: Allerdings sind die Betroffenen heute nicht mehr die Mitglieder der kaiserlichen Familie, sondern eine völlig andere Menschengruppe – die Bewohner und Beamten der verstaatlichten Schlösser. Die meisten Vorfälle wurden und werden bis in unsere Zeit aus der Hofburg gemeldet, doch auch das viel jüngere Schloß Schönbrunn und einige andere Häuser, die sich noch in Familienbesitz befinden, blieben nicht vom Spuk verschont. So habe ich im Zuge meiner Beschäftigung mit der Kulturgeschichte der österreichischen Kaiserfamilie von deren Nachkommen mehrmals gehört, daß auch andere Villen, Land- und Forsthäuser sowie Wirtschaftsgebäude von Erscheinungen heimgesucht wurden. Ich brauche sicherlich nicht zu betonen, daß ich solchen Geschichten immer sehr aufmerksam lauschte. Denn die Thematik des Übersinnlichen hat mich schon immer sehr interessiert. Außerdem konnte ich mir gut vorstellen, daß es eine Menge daran interessierter Leser gäbe. Jedoch hatte ich mir strikt vorgenommen, niemals darüber zu schreiben. Und das obwohl sich mir das Thema immer wieder – und besonders in letzter Zeit – immer stärker »näherte«.

Zum ersten Mal hatte man mir in den frühen 90er-Jahren von paranormalen Phänomenen erzählt, als ich begann, Bücher über die Habsburger zu schreiben. Ich erfuhr von den verschiedensten außersinnlichen Wahrnehmungen und Ereignissen, die ich zwar gut in Erinnerung behielt, mir aber niemals notierte, da ich ja auch nicht darüber arbeiten wollte: Denn erstens ist die Parapsychologie ein heikles Thema und zweitens gibt es ohnehin zu viele Menschen, die dieser Wissenschaft gegenüber skeptisch eingestellt sind. Ein anderer Grund, warum ich mich in die Materie nicht allzu sehr vertiefen wollte, bezog sich auf die Bemerkungen von Betroffenen, die mich vor dem zu häufigen – und vor allem vor dem zu saloppen – Umgang mit der außersinnlichen Welt warnten. Ganz besonders wurde mir abgeraten, an Sitzungen und Experimenten mit unbekannten Medien teilzunehmen und Séancen jemals in den eigenen Wohnräumen abzuhalten. Denn allzuoft habe sich schon der sprichwörtlich bekannte Goethe-Satz bewahrheitet, daß man die »Geister, die man rief« nicht mehr los wurde*). Diesen Ratschlag habe ich beherzigt. Mehr noch: Ich habe in der Folge sogar einen Schutzwall um mich aufgebaut und jeden, der mich auf dieses Thema ansprach, mit einer freundlichen Entschuldigung abgewiesen. So auch Peter Mulacz, einen Parapsychologen aus Wien, den ich im vergangenen Sommer kennenlernte. Er erzählte mir von seiner Tätigkeit auf dem Gebiet der Parapsychologie, einschließlich seiner historischen Forschungen zur Geschichte der Parapsychologie in Österreich. In diesem Zusammenhang interessierte er sich besonders für die Beschäftigung mancher Habsburger – konkret Erzherzog Johann und Kaiserin Elisabeth – mit dem Paranormalen. Zuletzt fragte er mich, ob ich diesbezüglich etwas über die Kaiserin wüßte. Ich bejahte zwar, sagte ihm aber auch, daß ich nicht gerne darüber sprechen wollte. Das hat er rückhaltlos akzeptiert und sich mit einem freundlichen Gruß von mir zurückgezogen.

Kurz nach dieser Begegnung fragten mich die Mitarbeiter meines Verlags, worüber ich im nächsten Jahr schreiben wollte. Da sich von meiner Seite kein Thema besonders aufdrängte, bat ich um Ideen und staunte nicht schlecht, als sich in der Liste der vorgeschlagenen Titel unter anderem »Die Habsburger und das Übersinnliche« befand. Diesen Zufall, zur selben Zeit von zwei verschiedenen Seiten auf dasselbe Thema angesprochen zu werden, faßte ich nun als deutliche »Aufforderung von drüben« auf, mich endlich schriftlich mit dieser Materie zu befassen. Da ich aber – wie früher erwähnt – niemals Notizen über die mir berichteten Phänomene oder Erscheinungen gemacht hatte, befand ich mich nun in der unangenehmen Lage, das vor Jahren Erfahrene aus dem Gedächtnis zurückrufen zu müssen. Das klappte natürlich

---

*) Vgl. mit dem Kapitel über Erzherzogin Elisabeth auf den Seiten 147 ff.

Idealszenerie zum Thema »Die Habsburger und das Übersinnliche«: Blick von Schloß Schönbrunn auf das nebelige Wien (aufgenommen wenige Tage nach dem Tod Kaiser Franz Josephs im November 1916).

nur in den wenigsten Fällen, weshalb ich daran ging, meine ›Informanten‹ von früher neuerlich zu kontaktieren. Da in der Zwischenzeit zwei ältere Herrschaften verstorben waren, wandte ich mich an deren Nachkommen und fragte um etwaige Notizen nach. Wirklich war das meiste in schriftlicher Form erhalten. Zuletzt bat ich um die Erlaubnis, das an mich Weitergegebene veröffentlichen zu dürfen. Ich habe sie für alle Geschichten erhalten, wurde aber manchmal gebeten, nicht alle Betroffenen beim Namen zu nennen. Diesem Wunsch bin ich selbstverständlich entgegengekommen.

Bevor ich die mir erzählten Erlebnisse weitergebe, möchte ich eine Geschichte voranstellen, die mir vor etlichen Jahren selbst widerfahren ist und die auch mit den Habsburgern in Zusammenhang steht. Sie stammt aus einer Zeit, als ich mich noch lange nicht mit der Kulturgeschichte der österreichischen Kaiserfamilie beschäftigte. Ich war damals Studentin der französischen Literatur- und Kunstgeschichte und hielt mich für ein paar Tage in Paris auf, um an der Bibliothèque St. Geneviève Literatur für meine Dissertation zusammenzutragen. Wenn Zeit blieb, besichtigte ich mit meiner aus Wien mitgekommenen Freundin die Sehenswürdigkeiten der Stadt. In Frankreich lebende Freunde unterstützten uns dabei und führten uns an die schönsten Plätze. Selbstverständlich stand eines Tages auch der Besuch von Schloß Versailles auf dem Programm, der an einem herrlichen Herbsttag stattfand. Wir traten ihn zu siebent an: Das befreundete Ehepaar mit drei Kindern, meine Freundin und ich. Zunächst standen die Wohn- und Repräsentationsräume des Schlosses auf dem Programm, danach spazierten wir durch den Park. Mich interessierte vor allem das unter Königin Marie Antoinette*) errichtete »Hameau«: Als typisches Kind ihrer Zeit hatte sie sich den fröhlichen, aber wenig nutzbringenden Ideen der Epoche hingegeben und innerhalb der riesigen Grünanlage dieses romantische Bauerndorf errichten lassen. Es bildete die Kulisse für jene ländlichen Szenerien, durch die sich verkleidete Könige und Prinzen tummelten und sich dann vorstellten, sie wären Bauern. Man nannte die Unterhaltung »Schäferspiele«, und es gab vermutlich keine Herrscherfamilie innerhalb Europas, deren Mitglieder nicht zumindest einmal pro Sommer in die Bauerntracht schlüpften. Daß diese Inszenierung des »idylli-

*) Königin Marie Antoinette von Frankreich, geborene Erzherzogin von Österreich, war eine Tochter Kaiserin Maria Theresias. Als Ehefrau König Ludwigs XVI. geriet sie in die Fänge der Französischen Revolution und wurde später – wie ihr Ehemann – von den damaligen Machthabern guillotiniert.

schen Landlebens« vom Original sehr weit entfernt war, braucht nicht besonders betont zu werden.

Während ich mit meinen Freunden im Schloßpark von Versailles das Hameau ansteuerte, herrschte klares Herbstwetter. Die Sonne schien, und ich wunderte mich, als plötzlich der Himmel bewölkt war und ein vorgewitterlich dunkles Licht die Szenerie beleuchtete. Ich stand neben einem dieser kleinen landwirtschaftlichen Gebäude, war alleine, meine Freunde hatten offensichtlich einen anderen Weg genommen. Das tat mir sehr leid, da plötzlich zwischen den Bauernhäuschen ein paar Leute in Kostümen des 18. Jahrhunderts auftauchten. Ich vermutete, daß sie für ein Freilicht-Theaterspiel probten. Also kehrte ich um, um meine Freunde zu holen. Mittlerweile schien wieder die herrliche Herbstsonne. Bald hatte ich alle wiedergefunden. Sie standen munter beisammen und schwätzten fröhlich über irgendetwas gemeinsam Erlebtes. Es gelang mir nicht, sie zu unterbrechen, um ihnen von der so stilgerechten Theaterprobe zu erzählen. Also nahm ich mir vor, ihnen später davon zu berichten, vergaß es dann aber ganz. Wahrscheinlich hätte ich dieses Erlebnis für immer vergessen, wäre mir vor fünf Jahren nicht zufällig ein Buch über »rätselhafte Begebenheiten« in die Hand gefallen, in dem ich auf den allerersten Seiten die folgende Geschichte las.

Charlotte Moberly und Eleanor Jourdain, zwei Engländerinnen, die sich kurz nach der vorletzten Jahrhundertwende in Paris aufhielten, um dort Sehenswürdigkeiten zu besichtigten, brachten den Nachmittag des 10. August 1901 in Versailles zu. Als sie durch die riesige Parkanlage des Schlosses spazierten, hatten sie ein außergewöhnliches Erlebnis, wie es nur ganz wenige Menschen erleben: Sie fielen in der Zeit zurück. »Das Unglaubliche geschah, als sie zum ›Petit

Charlotte Moberley hatte während eines Spaziergangs mit ihrer Freundin durch den Park von Versailles ein außergewöhnliches Erlebnis: Sie fiel um mehr als hundert Jahre in die Zeit König Ludwigs XVI. von Frankreich zurück.

Trianon‹ spazierten, dem kleinen Schlößchen aus dem 18. Jahrhundert, das einmal die private Bleibe der Königin Marie-Antoinette war. Das Aussehen des Gartens, die Gebäude, ja sogar die Menschen, denen sie begegneten, gehörten eindeutig in eine längst vergangene Zeit ... (Die beiden Frauen) hatten den direkten Weg zum Schloß verfehlt und waren auf einen dunklen, schattigen Gartenweg geraten, der hinter ländlichen Gebäuden vorbeiführt ... Sie kamen an einem steinernen Häuschen vorbei ... Schließlich trafen sie zwei distinguiert wirkende Herren, bekleidet mit langen grüngrauen Röcken, mit Dreispitz und Spazierstöcken in den Händen. Sie fragten die Herren nach dem Weg. Die beiden Frauen hielten sie für Gärtner, denn in der Nähe standen Gartengeräte – ein Karren und ein Pflug. Und doch ließ ihre würdevolle Haltung darauf schließen, daß sie Männer von einiger Autorität sein mußten. Sie wiesen die beiden Frauen zu einem runden Kiosk, einer Art kleinem Musikpavillon. Auf den Stufen saß ein Mann, der einen schweren schwarzen Mantel und einen Schlapphut trug ... Als der Mann seinen Kopf drehte, erkannten sie, daß sein Gesicht dunkel und pockennarbig war ... Dann stand plötzlich jemand hinter ihnen. Auch dieser Mann trug einen dicken Mantel und einen breiten Hut, aber erst hinterher wunderten sich die beiden Frauen über diese sonderbare Kleidung an einem heißen Augusttag ... Die beiden Touristinnen gingen über eine kleine Brücke, die über eine schmale Schlucht führte, und gelangten in einen Garten, der wie eine englische Landschaft aussah. Von dort hatten sie schließlich freie Sicht auf das ›Petit Trianon‹. Die Fenster waren mit Läden verschlossen, aber auf der Terrasse saß eine Frau mittleren Alters in leichtem Sommerkleid und mit einem breitkrempigen Hut auf ihrem blonden Haar. Sie zeichnete ...«*) (Kingston, S. 9f.)

Als sich die Frauen nach diesem historischen Spaziergang in der Gegenwart wiederfanden und über das Erlebte sprachen, bemerkten sie bald, daß sie nicht immer dasselbe gesehen hatten. Jede von ihnen hatte einige Szenen erlebt, darunter einige gemeinsam mit der Freundin, einige hatte aber nur jeweils eine der beiden Frauen durchlebt. Erst dadurch

*) Leider konnte ich das 1911 von den beiden Engländerinnen veröffentlichte Buch »An Adventure« (»Ein Abenteuer«) in keiner Bücherei ausfindig machen. Darin hatten die zwei Frauen nicht nur ihre Erlebnisse festgehalten, sondern auch alle Eindrücke und Forschungen von späteren Besuchen in Versailles zusammengetragen. Die vorliegende, leider nicht sehr gelungene Übersetzung aus dem Englischen entstammt dem Buch »Große Mysterien – Rätselhafte Begebenheiten« von Jeremy Kingston.

wurde ihnen bewußt, daß sie eine paranormale Erscheinung gehabt hatten. Sie beschlossen, alles schriftlich festzuhalten und verfaßten – gemäß ihren Eindrücken zwei unterschiedliche Berichte (die später veröffentlichte Niederschrift »An Adventure« setzt sich aus der Summe aller Erlebnisse zusammen). Beide hatten sich während ihres Abenteuers in der Vergangenheit sonderbar und schwermütig gefühlt und alles wie in einem tiefen Traum erlebt. Das ist ein wichtiger Hinweis für die Parapsychologie, die das Empfinden von Müdigkeit und körperlicher Schwere als typische Merkmale bei solchen Erlebnissen kennt. Von derselben Wahrnehmung berichten die meisten Betroffenen, die entweder in der Zeit »zurückfielen« oder denen verstorbene Personen erschienen.

Bei der Aufarbeitung von Vorfällen wie jenes der beiden Engländerinnen in Versailles interessiert die Wissenschaft immer besonders das soziale Umfeld der betroffenen Personen. Denn selbstverständlich gibt es eine Menge Phantasten, die sich die Erlebnisse nur einbilden oder Wunschträume haben oder krank sind und unter Halluzinationen leiden. Nichts von all dem traf aber auf die beiden Engländerinnen zu, die beide sehr gebildeten Familien entstammten und – was um die vorletzte Jahrhundertwende nicht sehr häufig vorkam – sogar akademische Berufe ausübten. Charlotte Moberly, die ältere der beiden, war Vorsteherin eines College (dem späteren College der Universität Oxford), die jüngere, Eleanor Francis Jourdain, folgte der Älteren nach deren Pensionierung im selben Amt nach.

Das Erlebnis von Versailles hat das Leben der zwei Frauen nachhaltig verändert. Sie wollten der Geschichte neuerlich auf die Spur kommen und besuchten das Schloß und den Park noch etliche Male, weil sie hofften, noch einmal in die Zeit des 18. Jahrhunderts zurückfallen zu können. Da ihnen das nicht gelang, stürzten sie sich in die Forschung und begannen die Merkmale aller Orte, die sie nur aus der Epoche König Ludwigs XVI. kannten, akribisch genau aufzunehmen und mit dem aktuellen Zustand zu vergleichen. Denn vieles hatte sich innerhalb der etwa 120 Jahre Zeitensprung verändert. So existierten der Rundpavillon und die Brücke über die Schlucht nicht mehr, und der Platz, an dem sie die zeichnende Frau gesehen hatten, war durch hohe Rhododendronbüsche völlig verwachsen. Weiters befanden sich Türen, Einzäunungen und auch Kieswege an anderen Stellen als zur Lebenszeit Königin Marie Antoinettes. Die grüngrauen Röcke der vermeintlichen Gärtner stellten sich zuletzt als die Livreen der ehemaligen königlichen Bediensteten heraus.

Diese beinahe unglaublich scheinende und doch wahre Geschichte sei dem Buch über die Habsburger und ihre außersinnlichen Beziehungen vorangestellt. Sie möge all jene, die sich für dieses Thema interessieren, auf das folgende einstimmen. Besonders widmen möchte ich den Band aber der vermutlich großen Gruppe derer, die schon Ähnliches erlebte und die Zeugen von Erscheinungen geworden sind. Alle, denen das noch bevorsteht, mögen sich im tatsächlich eintretenden Fall an folgende Regel erinnern: »›Wenn man ein Gespenst sieht‹, sagt … der New Yorker Parapsychologe Prof. Dr. Hans Holzer, ›soll man um Himmels willen nicht fortlaufen! Denn es hat große Mühe gehabt, uns zu erscheinen. Fragen wir lieber, was es will.‹ Das ist ein praktischer, einfacher und nützlicher Rat. Und fast jeder, selbst der phantasieloseste Materialist, hat mindestens einmal im Leben Gelegenheit, ihn zu befolgen. Gespenster erscheinen nämlich nicht nur den Leuten, die an sie glauben.« (Ingrisch, S. 51f.) Zu denen, die an sie glaubten,

Das unter Königin Marie Antoinette errichtete Hameau im Park von Versailles. Nahe dieses romantischen Bauerndorfs ereigneten sich alle Rückfälle in die Zeit des 18. Jahrhunderts.

zahlen bedeutende Persönlichkeiten der Geschichte wie der heilige Franz von Assisi, die Philosophen Plato, Baruch de Spinoza, Immanuel Kant, Arthur Schopenhauer und Friedrich Wilhelm Nietzsche, Wissenschaftler wie Giordano Bruno sowie die Schriftsteller Vergil, Dante Alighieri, William Shakespeare, Gottfried Ephraim Lessing, und – nicht zu vergessen – die beiden großen deutschen Klassiker, Friedrich Schiller und Wolfgang von Goethe. Letzterer hatte insgesamt zwei paranormale Erscheinungen: einmal traf er einen verstorbenen Freund und einmal sogar sich selbst in einem anderen Lebensalter. Dem Leipziger Freund, »Hofrat

Rochlitz (war er) unerwartet bei strömendem Regen … (begegnet). Noch dazu in seinem, Goethes, Schlafrock und Pantoffeln! Zwar löste der Freund sich bei der Begrüßung in Luft auf, doch fand Goethe ihn gleich darauf, als er in seine Wohnung zurückkehrte, in derselben Aufmachung auf dem Sofa vor. Er wäre, sagte der Hofrat, überraschend nach Weimar gekommen, hätte Goethe besucht und erfahren, daß dieser sich auf einem Spaziergang befinde. So ließ er sich trockene Kleider aus der Garderobe des Freundes geben und erwartete ihn, sich einen Spaziergang lebhaft vorstellend, auf dem Sofa und schlief ein … (Ein anderes Mal) begegnete Goethe … seinem eigenen Gespenst. Als er Friederike von Sesenheim, Urbild des Faustschen Gretchens, verließ, kam er sich zu seinem begreiflichen Schrecken selbst entgegengeritten. In der gleichen Tracht übrigens, die er viele Jahre später trug, als er die verlassene Geliebte noch einmal besuchte.« (dies., S. 55f.)

Ein spannendes Lesevergnügen allen Glaubenden, Betroffenen und Zweiflern wünscht

Gabriele Praschl-Bichler
Wien, im Juni 2003

2.
Paranormale Phänomene in Schloß Schönbrunn und in der Wiener Hofburg

Außersinnliche Wahrnehmungen sind selbstverständlich nicht nur an die Anlage von Schloß Versailles gebunden, sondern können allerorts und jederzeit geschehen. So wurden – und werden auch noch in unseren Tagen – in den Schlössern der Habsburger immer wieder paranormale Vorfälle wahrgenommen. Denn das Auftreten solcher Phänomene hängt weniger mit der Prominenz oder der Bedeutung der früheren Besitzer zusammen als damit, daß sich in lange bestehenden Gebäuden einfach mehr Geschichte

In Schönbrunn wurden – wie in etlichen anderen Habsburger Schlössern – seit Jahrhunderten paranormale Vorfälle wahrgenommen. Sogar in unseren Tagen scheint es dort noch im besten Sinne des Wortes zu spuken.

zugetragen hat als in jüngeren Häusern. Und diese reichhaltigere Geschichte wirkt dann eben nach. Die einfachste Erklärung dafür lautet: Je stärker die Ereignisse im wirklichen Leben stattgefunden haben und je weniger die Urheber oder Betroffenen die Möglichkeit hatten, sie im Leben aufzuarbeiten, desto größer wird die Wahrscheinlichkeit von Erscheinungen. Am bekanntesten sind »die Gespenster toter Personen. Sie halten sich hartnäckig in alten Häusern oder Schlössern auf, am liebsten als Weiße oder Schwarze Frauen, kettenrasselnde Ritter oder gar mit dem eigenen Kopf unter dem Arm. Ammenmärchen sind das keine, im Gegenteil, diese Fälle sind im allgemeinen glänzend bezeugt. Trotzdem müssen wir uns das Jenseits nicht als Gruselkabinett und die Toten als kindische Unholde vorstellen. Ein paar von ihnen sind halt verrückt. Es gibt lebendige Narren, und es gibt tote Narren. Beide sind zu bedauern, beide sind unseres Mitleids und unserer Hilfe bedürftig. Warum also sollte es keinen Geist geben, der geisteskrank ist?« (Ingrisch, S. 57f.)

Welche Art von Geistern – harmlose, fröhliche oder geisteskranke – ihr Unwesen in Schloß Schönbrunn und in der Hofburg trieben, wird auf den folgenden Seiten zu klären sein. Feststeht auf jeden Fall, daß sowohl die Sommer- als auch die Winterresidenz der kaiserlichen Familie Schauplatz einer Menge von Erscheinungen war. Daß die um 500 Jahre ältere Burg davon wesentlich stärker betroffen war, ist nicht weiter verwunderlich. Unter den verschiedenen Phänomenen, die sich in der Stadtresidenz der Habsburger ereigneten, ist die sprichwörtlich bekannte »Weiße Frau« am häufigsten gesehen worden. Der Schriftsteller Alexander Lernet-Holenia, der als Mieter selbst in der Burg wohnte, hielt in seinem Buch »Die Geheimnisse des Hauses Österreich« fest, daß er ihr zwar nie begegnet sei, legte aber immerhin großen Wert darauf, mit der nie Gesehenen verwandt gewesen zu sein. Wobei die Geschichte dieser Verwandtschaft, auf die später noch genauer eingegangen wird, einigen Aufschluß über seine Persönlichkeit gibt. Denn Lernet-Holenia dachte – ohne je von seiner Mutter oder von jemandem anderen die Bestätigung dafür bekommen zu haben – ein natürlicher Abkömmling der österreichischen Kaiserfamilie zu sein. Ganz konkret hatte er Erzherzog Karl Stephan*) als seinen Vater in Verdacht, dem er allerdings so wenig ähnlich sah wie zwei Menschen, die nicht miteinander verwandt sind. Doch ließ ihn der Gedanke an die mögliche Habsburger Abstammung niemals zur Ruhe kommen. Im lebenslangen Grübeln ob »ja!« oder ob »nein!« nahm er einen immer verbisseneren Charakter an, der ab einem gewissen Zeitpunkt sicherlich auch sein künstlerisches Schaffen beeinträchtigte.

Die stete Auseinandersetzung mit dem immer selben Thema, der nicht auszuschließenden hohen Ahnenschaft, war wohl auch einer der Gründe, warum er sich in seinen Büchern so häufig mit den Habsburgern auseinandersetzte. Und das auf sehr zwiespältige Weise: Denn während er über die früher lebenden Mitglieder der Familie zum Teil sehr amüsante und historisch bemerkenswerte Berichte verfaßte, fand er für seine Zeitgenossen aus der Kaiserfamilie meist nur hämische und bösartige Bemerkungen. Besonderen Haß hegte er gegen den letzten Regenten von Österreich, Kaiser Karl, eines der sanftmütigsten und friedvollsten Mitglieder

*) Erzherzog Karl Stephan war ein Enkel Erzherzog Carls, des ersten Bezwingers von Napoleon und Siegers von Aspern. Damit gehörte er derselben Generation wie Kaiser Franz Joseph an und war einer seiner zahlreichen Vettern zweiten Grades.

Kaiser Joseph II. und sein ihm nachfolgender Bruder, der spätere Kaiser Leopold II., sollen als erste Habsburger von der Weißen Frau in der Hofburg heimgesucht und von ihr vor einer drohenden Katastrophe gewarnt worden sein.

der Familie. Beinahe möchte man glauben, daß Lernet-Holenia, der Möchtegern-Erzherzog, ihm den Status als Thronfolger und Herrscher neidete. Bei all der Aufmerksamkeit, die er dem einen bestimmten Thema widmete, vergaß der Schriftsteller in seiner Aufregung allerdings auch, daß er selbst als anerkannter außerehelicher Sohn Erzherzog Karl Stephans nur einen der hintersten Ränge in der Familie eingenommen hätte und für eine Thronanwartschaft ohnehin niemals herangezogen worden wäre. Denn laut Familiengesetz wurden dafür zunächst die legitimen männlichen Nachkommen herangezogen, im Fall ihres Aussterbens die ehelich geborenen weiblichen Familienmitglieder. Erst bei Erlöschen aller Stämme hätte man auf einen natürlichen Abkömmling zurückgegriffen. Und selbst da lag Lernet-Holenia auf einem schlechten Platz. Denn von den etwa fünfzig männlichen Erzherzogen, die damals lebten, gab es eine ganze Menge *anerkannter* natürlicher Sprößlinge, die von wesentlich ranghöheren Erzherzogen abstammten als Karl Stephan.

Doch zurück zur Weißen Frau in der Hofburg, die – Habsburger Ahnenschaft hin oder her – in diesem Band einen wichtigeren Inhalt darstellt als die Biographie Lernet-Holenias. Die Geschichte dieser Licht-Gestalt reicht in die Zeit der Habsburger Herrschaft zurück, während der sie sogar mehrere Regenten heimgesucht zu haben schien: »Immer wieder soll dem jeweiligen Kaiser vor einer drohenden Katastrophe nachts eine Frau … erschienen sein. Von Joseph II. bis zu Kaiser Franz Joseph I. soll sie alle kontaktiert haben …« (Berger/Holler, S. 146) Gemäß der Nachforschungen Lernet-Holenias will man die Weiße Dame »besonders in früheren Tagen … mehrmals gesehen haben, die – übrigens entfernt mit uns verwandt*) – hin und wieder aus dem sogenannten Amalientrakt in den Reichskanzleitrakt herübergeistern soll. Der Amalientrakt ist ursprünglich die Stadtburg der Grafen von Cilli gewesen, und die Weiße Dame war selber eine Gräfin von Cilli und daher auch mit den Habsburgern verwandt. Trägt sie weiße Handschuhe, so bedeutet ihr Erscheinen eine Geburt im Erzhause, und trägt sie schwarze Handschuhe, so kündet sie den Tod eines Habsburgers oder einer Habsburgerin an … (Während der Zeit der Monarchie

*) Einer der zahlreichen Hinweise auf die vermeintliche Herkunft Lernet-Holenias: Mit der Bemerkung, daß die berühmte »Weiße Dame entfernt mit uns verwandt war« und dem später folgenden Einschub – »eine Gräfin von Cilli und daher auch mit den Habsburgern verwandt« – macht der Schriftsteller auch den uneingeweihtesten Leser auf seine mögliche hohe Abstammung aufmerksam.

wurde sie letztmalig) übrigens nicht in der Hofburg, sondern im Schloß Schönbrunn (gesehen), und zwar in der Nacht, bevor die Kaiserin vom Anarchisten Luccheni in Genf mit einer Feile erstochen worden war. Da hatte einer meiner entfernten Verwandten, ein Boyneburg, der einer ... erlittenen Kopfverletzung wegen zur Garde versetzt worden war, in Schönbrunn Dienst zu tun, als sein dienstführender Wachtmeister erschien und meldete, in den Gängen treibe sich eine seltsame Gestalt umher, die auf keinerlei Anruf stehenbleibe und sich nicht zu erkennen gebe. Richard Boyneburg, als er diese Meldung empfing, folgte dem Wachtmeister sogleich auf die Vorplätze und sah dort tatsächlich die rätselhafte Gestalt*), die auch seinem Anrufe nicht entsprach und sich allen weiteren Versuchen, ihre Natur zu erforschen, nunmehr durch alsbaldiges *endgültiges* Verschwinden entzog«. (Lernet-Holenia, S. 268f.)

Für die Deutung einer so gespaltenen Natur, wie Lernet-Holenia sie war, ist eine Episode wie diese besonders aufschlußreich. Denn obwohl er sich nachweislich mit Parapsychologie beschäftigte, klingt der Ton seiner Erzählung doch sehr spöttelnd, ihr Wahrheitsgehalt ihm eher unglaubwürdig. Um beim Leser der Geschichte keinen Zweifel von seiner persönlichen Meinung aufkommen zu lassen, läßt er als Helden den »nur entfernt« verwandten Richard Boyneburg auftreten (zum Beweis der großen Entfernung schrieb er »Boyneburgk« wohl auch absichtlich falsch, obwohl sogar

*) Das Auftauchen der Weißen Dame in Schloß Schönbrunn in der Nacht vor dem Mordanschlag auf Kaiserin Elisabeth wird sowohl in diesem Buch als auch in der Biographie von Maurice Paléologue »Elisabeth, Impératrice d'Autriche« (»Elisabeth, Kaiserin von Österreich«) erwähnt. Über andere Phänomene, die vor ihrem Tod wahrgenommen wurden, ist mehr auf den Seiten 43 ff. und 116 ff. nachzulesen.

Blick auf den Leopoldinischen Trakt der Wiener Hofburg. In der 800 Jahre alten Habsburger Stadtresidenz wurden die meisten Erscheinungen wahrgenommen. Der Schriftsteller Lernet-Holenia, der als Mieter in der Burg wohnte, scheint dort sogar der Weißen Frau begegnet zu sein.

sein Halbbruder aus der ersten Ehe seiner Mutter so hieß. Und als eifriger Beinahe-Erzherzog unterließ er auch die Erwähnung, daß es sich bei Boyneburgks um eine sehr alte freiherrliche Familie handelte). Schließlich kam ihm die erlittene Kopfverletzung des entfernten Vetters ganz recht, um dem Leser anzudeuten, daß man eben nicht alles glauben mußte, was dieser Verwandte erzählte.

Als in der Öffentlichkeit bekannter Mann, der wegen seiner nie geklärten Abstammung über eine heftige gesellschaftliche Unsicherheit verfügte, fürchtete Lernet-Holenia, sich mit Geschichten wie diesen lächerlich zu machen. Daß er der sprichwörtliche Philosoph geblieben wäre, wenn er sie gar nicht veröffentlicht hätte, hat er nicht bedacht. Noch dazu, wenn zuletzt in der vor sechs Jahren erschienenen Biographie von Roman Rocek herauskam, daß er sehr wohl an paranormale Phänomene glaubte und sogar an spiritistischen Sitzungen teilnahm. Ja »Lernet (behauptet sogar), selbst die Weiße Frau gesehen zu haben, von der es heißt, daß sie in der Hofburg umgehe.« (Rocek, S. 107) Statt dessen schrieb er, daß »*man*, besonders in früheren Tagen, die sogenannte ›Weiße Dame‹ gesehen haben« will. So hat also laut seiner Aussage nicht er, sondern irgend jemand anderer – ein unpersönlicher »Man« – das Erzählte erlebt. Und selbst das drückte er im Text so aus, als ob er es bezweifelte. Denn anstelle von »hat gesehen« verwendete Lernet-Holenia die Möglichkeitsform, also die Wendung, daß derjenige alles nur »gesehen haben will«. Selbst dadurch versuchte er dem Leser noch einzureden, daß er an so etwas ohnehin nicht glaubt.

In Wahrheit war er aber nicht nur ein übersensibler Künstler, sondern sogar besonders außersinnlich begabt. Diese Überempfindlichkeit hinderte ihn mitunter sogar an der Schreibarbeit, weil er Angst vor »möglichen spirituellen Einflüssen (anwesender Personen hatte) … Diese Sensibilität für kaum wahrnehmbare geistige Einflüsse machte ihn auch empfindlich für außersinnliche Erscheinungen und mediumistische Phänomene … Auch erzählte er eines Tages von der höchst unwahrscheinlich klingenden Vorhersage, die ein Medium in seiner Jugend gemacht hatte. Es kündigte an, daß ein Bauer aus Mosburg die Familie Purtscher (Freunde seiner Familie) verklagen werde. Das geschah denn auch … Sein von Alfred Winterstein während der gemeinsamen Militärzeit gewecktes Interesse für Spiritismus … gewinnt hier praktische Dimensionen.« (Rocek, S. 106ff.) Daß Lernet-Holenia diese Liebe für paranormale Erscheinungen auch häufig in sein literarisches Werk übernahm, erklärt sein Biograph so: »Man verstehe mich aber richtig: es ist nicht das Spiel mit dem Paranormalen, nicht allein die Spekulation mit dem Effekt; Lernet ist vielmehr auch immer der Ergriffene ...« (ders., S. 109)

Noch konkreter wurde Lotte Ingrisch in ihrem »Reiseführer ins Jenseits«, die keine Sekunde an den parapsychologischen Fähigkeiten Lernet-Holenias zweifelte. Sie veröffentlichte in diesem Buch sogar einen Brief des Schriftstellers aus dem Jahr 1974 an sie, in dem er von einer der bezauberndsten außersinnlichen Wahrnehmungen erzählte. Demnach waren ihm mehrmals in seinem Leben einige seiner verstorbenen Haustiere wiedererschienen: »Übrigens ... hat es hier (in der Hofburg) wieder gegeistert, und zwar war's unser vor mehr als einem halben Jahr verstorbener Hund Cinderella, der sich zweimal wieder gemeldet hat. Das erste Mal, als Cindy geisterte, sprang sie mit den Vorderpfoten an meinem Stuhlrand, wie sie immer tat, wenn sie Zucker wollte, unsichtbar natürlich, und der Stuhl wurde so weit zur Seite geschoben, daß ich mich, da ich mich zu setzen im Begriffe war, fast auf den Boden gesetzt hätte. Es war, auch in jenen Sphären, noch ein echter Lausbubenstreich des kleinen Hundes. Und das zweite Mal, als ich noch im Bett lag, und Eva (Ehefrau Lernet-Holenias) bei mir eintrat, lief ihr Cinderella voraus, natürlich gleichfalls unsichtbar, und sprang, wie es ihre Art war, auf das Fußende des Bettes, sodaß das Bett auf und ab schwang. Man mag darüber denken, wie man will.« (ders. zitiert in: Ingrisch, S. 40) – War Lernet-Holenia nun ein Glaubender? Oder war er ein Zweifler? Mit Sicherheit war er, wie sein Biograph ihn nannte, ein »Ergriffener« und hatte einen großen Respekt vor der außersinnlichen Welt. Vielleicht liegt darin die Auflösung zu dem Rätsel, warum er das Selbst-Erlebte in seinen Büchern so gerne jemandem anderen zuschrieb. Möglicherweise hatte er sogar ein wenig Angst vor möglichen Vergeltungsmaßnahmen der im Jenseits lebenden Mächte. Deshalb wollte er mit dieser Thematik – wie ich am Anfang dieses Buches erwähnte – auch nicht zu leichtfertig umgehen.

Als Mieter in der Hofburg und als logisch denkender Mensch fand Lernet-Holenia für das Entstehen der einen oder anderen Absonderlichkeit mitunter aber auch schlüssige Erklärungen. »In Wien zum Beispiel, in der Hofburg, hört man's … angeblich, fortwährend geistern … Die akustischen Phänomene, die vorgeblich von den Geistern hervorgerufen werden, lassen sich zumeist auch als natürliche Erscheinungen erklären. Es handelt sich dabei zum Beispiel um Schritte, die aber auch ein Widerhall der Fußtritte lebender Personen auf den vielen Treppen und in den langen Korridoren der Hofburg sein können, dann etwa auch um das Huschen von Ratten, die sich zeitweise aus den Kellern bis herauf in die bewohnten Geschosse verirren, und schließlich auch um irgendwelches Rieseln in den Wänden schlechthin.« (Lernet-Holenia, S. 264f.) Das ist tatsächlich ein Effekt, den nur Menschen kennen, die in weitläufigen, alten und holzgedeckten Räumen wohnen. Denn durch Temperaturschwankungen zwischen Tag und Nacht kann es im Gebälk zu außerordentlich lautem Knistern und Knacksen kommen. Dieselbe Wirkung ist auch bei Holzböden feststellbar. Oft vermeint man, in einem benachbarten Zimmer Schritte zu hören, obwohl dort bekanntermaßen niemand unterwegs ist. Auch dieses akustische Merkmal läßt sich auf Spannungen im Material zurückführen. Wenn sich Holz nach einer

In weitläufigen, holzgedeckten und mit Holzböden versehenen Räumen (wie hier im Salon von Schloß Miramare bei Triest) vermeint man, besonders oft Gespenster zu hören. Meist liegt das aber an den Temperaturschwankungen zwischen Tag und Nacht, die mitunter außerordentlich lautes Knistern oder Knacksen im Holz verursachen.

gewissen Zeit vom Druck des Daraufsteigens entspannt, dann tut es das in derselben Reihenfolge, wie der vorher darüber Gehende die Schritte gesetzt hat. Dabei durchziehen die Geräusche den Raum so, als ob eben jemand durchginge.

Ungeachtet dieses Phänomens, das auf logischer Erklärung basiert, erzählte Lernet-Holenia aber wesentlich häufiger von tatsächlich eingetretenen paranormalen Erlebnissen. Der beliebteste Schauplatz in seinen Geschichten ist die Wiener Hofburg, die mitwirkenden Personen bleiben aber weiterhin unpersönlich und ungenannt. »Bedenklicher freilich ist die folgende Erscheinung ... Es ereignet sich nämlich in der Burg ziemlich häufig*), daß jemand heimzukommen scheint, ohne daß er jedoch wirklich heimkäme; oder mit anderen Worten: Man hört, wenn man sich in einem der Wohnräume befindet, wie der Betreffende die Wohnungstür aufschließt, wie er eintritt, wie er die Wohnungstür hinter sich wieder zuschließt oder zuschlägt und wie seine Schritte auf dem Vorplatz widerhallen. Dann jedoch, wenn man schon erwartet, daß er nun ins Zimmer treten werde, tritt er nicht ins Zimmer; und all diese Geräusche wiederholen sich, wiederum ohne daß er eintrete. Erst wenn man dies alles zum dritten Male hört, ist er's wirklich und tritt auch wirklich ein. Daraus ergibt sich, daß man offenbar auch geistern kann, ohne tot zu sein, das heißt, daß zumindest das akustische Geistern *nicht* den Toten vorbehalten ist, sondern daß es ihnen auch die Lebenden gleichtun können. Auf alle Fälle jedoch spukt ›es‹ oder geistert ›es‹ akustisch, ohne daß irgendeine Individualität mit im Spiele sein müßte. ›Es‹ geistert also schlechthin, und dies scheint uns der eigentliche, sinnlose Spuk, dies scheinen uns die richtigen Klopf- und Poltergeister zu sein, bei denen die von ihnen hervorgebrachten Geräusche kaum von irgendwelchen natürlichen Geräuschen zu unterscheiden sind.« (ders., S. 265f.)

In seinem Buch über die »Geheimnisse des Hauses Österreich« kam Lernet-Holenia natürlich auch auf eines der am häufigsten wahrgenommene Phänomene in der Hofburg zu sprechen: einer – in welcher Farbe auch immer gekleideten – figürlichen Erscheinung. »Es hatte immer schon

*) Einer dieser Orte in der Burg, an der »diese Erscheinung sich ziemlich häufig ereignete«, war natürlich der eigene Haushalt des Schriftstellers.

Idealfigur einer verhüllten Erscheinung, so wie sie von etlichen Betroffenen beschrieben wird. Es handelt sich aber um eine christliche Symbolfigur, um eine Trauergestalt an einem katholischen Grabmal, die – sicherlich nicht zufällig – dasselbe Aussehen hat.

geheißen, daß sich die Geister in der Burg hin und wieder auch wirklich zeigten, aber gesehen hatte man sie eigentlich trotzdem nie ganz eindeutig. In solchen Gedanken befangen trat eines Tages irgend jemand, von dem nicht überliefert ist, wer es war, vom Schweizerhof her in das Treppenhaus der sogenannten Säulenstiege, als er vor sich eine schwarzgekleidete Gestalt erblickte, welche die Stufen hinaufschritt. Dem ganzen Habitus zufolge schien sich's um einen Beamten zu handeln, wofür auch ein Augenglas sprach, ein Kneifer, den dieser Mensch oder diese Erscheinung trug; und der Kneifer war überdies mit einem schwarzen Band um den Hals der Gestalt befestigt. Daß es sich um eine Erscheinung handle, meinte der Beobachter sofort zu fühlen; und er faßte sich ein Herz und stürzte der Erscheinung nach; worauf die Erscheinung durch eine der

Glastüren trat, welche das Treppenhaus gegen die Korridore des Schweizertrakts abschließen, und hinter der Glastür, der Durchsichtigkeit derselben zum Trotz, verschwunden war.« (ders., S. 267f.)

Man liegt sicherlich nicht falsch, im Treppensteiger und Verfolger der schwarzgekleideten Gestalt Lernet-Holenia selbst zu vermuten. Er muß ihr vor etwa vierzig, fünfzig Jahren begegnet sein. Also vor gar nicht so langer Zeit. Nun wird es auch niemanden mehr in Erstaunen versetzen, wenn er erfährt, daß die Erscheinungen noch immer äußerst betriebsam sind. Es gibt Tage, an denen sich die Meldungen geradezu häufen. So geschehen vor ein paar Jahren. Das hat ein deutsches Autorenteam damals veranlaßt, Nachforschungen in der Hofburg zu betreiben. Also reisten die Leute nach Wien, wo sie etliche Tage und Nächte am Originalschauplatz zubringen und die Betroffenen nach ihren Erlebnissen ausfragen wollten. Wenn die Forschergruppe auch fürchtete, daß die Leute nicht darüber sprechen würden. Doch stieß ihre Arbeit – ganz im Gegenteil – nicht nur auf großes Interesse, sondern man fand auch viel mehr betroffene und sprechbereite Menschen, als man erwartet hatte. Und zwar nicht nur empfindliche, auf die Nachtzeit sensibilisierte Hausbewohner, sondern auch nüchterne Beamte und Wissenschafter, die während ihrer Arbeitszeit am helllichten Tag von Erscheinungen heimgesucht wurden. So soll »in der Bundesdienststelle … eine Weiße Frau gesehen worden sein. In einer Privatwohnung – und solche gibt es in der alten Wiener Hofburg eine ganze Menge – soll nächtlich Kaiser Maximilian, unklar, ob der Erste oder der Zweite, in strahlendem Glanze erschienen sein. Wahrscheinlich war es der Zweite gewesen, denn der hatte im Gegensatz zum Ersten nicht nur viel länger, sondern auch viel lieber in der Burg zu Wien gewohnt.« (Berger/Holler, S. 141)

Auch die früher zitierte Schriftstellerin Lotte Ingrisch, die bis heute in der Wiener Hofburg lebt, erzählte dem deutschen Forscherteam frei und ohne Hemmungen über ihre Erfahrungen: »... da gibt's schon allerhand interessante Sachen. Ich habe einmal ein bißchen herumexperimentiert, also in meiner Wohnung mich in eine sanfte Trance versetzt, und plötzlich hatte ich einen mir völlig unbekannten Soldaten zu Füßen liegen. Dieser hat ganz verzweifelt geweint und immer wieder beteuert, daß er unschuldig sei. Daß er nicht die Krankenschwester vergewaltigt habe. Es war richtig herzzerreißend. Ich habe mich dann später dafür interessiert, was das für ein Soldat gewesen sein könnte, der so eine tragische Situation erlebt hat. Und ich bin draufgekommen, daß hier in diesen Räumen und in diesem Trakt der Hofburg im Ersten Weltkrieg ein Lazarett*) gewesen ist ...« (Berger/Holler, S. 142)

Obwohl das Autorenteam von den in der Hofburg lebenden und arbeitenden Menschen eine Menge brisantes Material für seine Arbeit erhalten hatte, gelang es ihm aber nicht, dem Lieblingsphänomen, der Weißen Dame, auf die Spur zu kommen. Denn hautpsächlich hatte sich die Gruppe erhofft, ihr irgendwo in der Burg zu begegnen. Aber Erscheinungen lassen sich nicht zu einem bestimmten Zeitpunkt

*) Mit dieser Bemerkung verwies Lotte Ingrisch auf den ursprünglichen Auslöser der Erscheinung. Die Parapsychologie geht nämlich davon aus, daß paranormale Phänomene ortsgebunden sind. Im konkreten Fall bedeutet das, daß der Soldat im Ersten Weltkrieg genau in dem Raum, in dem Lotte Ingrisch ihm begegnete, als Verwundeter gelegen war. Da er in dem Seins-Zustand, in dem er sich zur Zeit befindet, die Anschuldigung offensichtlich noch nicht aufgearbeitet hat, erscheint er eben an dem Ort, wo er im Leben dafür büßte.

Zwei der berühmten Gemälde Elisabeths (von F. X. Winterhalter) im Arbeitszimmer Kaiser Franz Josephs. Leider blieb in der Hofburg-Geschichte unerwähnt, hinter welchem Bild der Kaiserin täglich von neuem ein Fleck auftauchte.

erzwingen. Das bedeutet allerdings auch nicht, daß es unmöglich ist, den unmittelbaren Kontakt mit ihnen herzustellen. Denn mit Hilfe eines sensiblen Mediums kann das unter Umständen schon gelingen. Das scheint das deutsche Autoren-Team nicht gewußt zu haben, als es sich 1996 auf die Spuren der legendären »Weißen Frau« begab. Trotzdem wurde die Forschergruppe für ihre Arbeit und ihr Interesse »belohnt« und sogar Zeuge einer paranormalen Begebenheit. Denn während ihres Aufenthalts in der Hofburg ist unter einem Bild von Kaiserin Elisabeth täglich von neuem »ein Fleck aufgetaucht. Am Tag wurde er entfernt, am Abend war er wieder da … (Außerdem) hat sich auch einmal jemand von der Theaterwissenschaft*) beschwert ... (Die Leute dort) haben sich gestört gefühlt, weil spät abends über ihnen Möbel gerückt wurden. Wir (die Autoren) konnten aber nicht herausfinden, wer oder was diesen merkwürdigen Lärm erzeugt hat ... (dies., S. 144)

Das außergewöhnlichste Erlebnis der vergangenen Jahre hat ein in der Hofburg arbeitender Wachebeamter im Februar des Jahres 1987 gehabt. Herr E.**) hatte eben seinen Rundgang durch die Gänge der Hofburg begonnen. Mit einer starken Lampe und einem elektronischen Gerät ausgestattet, das seinen genauen Standort anzeigt, begab sich der Mann auf die etwa dreieinhalb Kilometer lange Strecke, die durch Keller und Dachboden führt. »Fledermäuse hat er hier schon oft gesehen, auch Marder, die in den alten Gemäuern ihre Wohnung eingerichtet haben. Die langen, dunklen Korridore erscheinen sensiblen Naturen schon bei Tag fremd und ein wenig unheimlich. Wer hier also bei der Nacht seine Arbeit tut, darf nicht ängstlich sein. In dieser Nacht aber sieht und hört Herr E. etwas, das sein Leben verändert. Irgend etwas hat ihm den Schreck in alle Knochen fahren lassen. Was immer es war, er spricht nicht darüber. Aber nie wieder, das sagt er, wird er in der Hofburg eine nächtliche Runde drehen ...«. Der Wachebeamte war im Jahr 1987 übrigens nicht der einzige, der Zeuge einer paranormalen Erscheinung wurde. Denn überall in der Burg »vor allem ... im ältesten Trakt, dem Schweizertrakt, klagen Menschen in diesen Monaten über nächtliche Störungen. Schritte sind zu hören, Klopfgeräusche, Ächzen und Stöhnen ... Geräusche

---

*) Mit »Theaterwissenschaft« ist ein in der Hofburg untergebrachtes Universitätsinstitut gemeint.

**) Der ehemalige Wachebeamte wollte nicht namentlich genannt werden. Er hat nach seinem Erlebnis den Dienst in der Hofburg quittiert.

... von Schuhen mit spitzen Absätzen ... Dinge (wurden) verrückt, Kleinigkeiten wie Zigaretten oder Schreibstifte von einer Seite des Schreibtisches auf die andere geschoben ... Und ein Wissenschaftler des Bundesdenkmalamtes hatte gehört, wie jemand seufzend auf das Sofa niedersank, konnte aber keinen Menschen sehen ...« (alles in: dies., S. 145f.)

Eine Menge an Wahrnehmungen, die da vor sechzehn Jahren vernommen wurden, aber weit und breit keine »Weiße Frau«. Und das obwohl gerade ihr Erscheinen seit so langer Zeit bezeugt wird. Auch Kaiserin Zita hatte als Mädchen von ihr gehört und begann sich noch stärker für sie zu interessieren, als sie die Braut des späteren letzten Regenten von Österreich wurde. »*Als ich heiratete, hörte ich in Wiener Kreisen erzählen, daß es eine Weiße Dame gäbe, die in der Burg erscheine, bevor ein Mitglied der Familie stirbt. Ich wollte der Sache auf den Grund gehen. Leider ist es mir nicht gelungen. Ich stieß wohl auf die hartnäckige Behauptung, daß die Weiße Dame ziemlich überall in der Hofburg gesehen worden sei in der Nacht, in der der Kronprinz in Mayerling ermordet wurde*). Sie soll sogar vor der Wache vorbeigegangen sein. Ich habe aber leider nie jemanden getroffen, der mir die Erscheinung bestätigen konnte. Allerdings wurde das Sujet auch*

*) Als gläubige Katholikin konnte sich Kaiserin Zita nie mit der Tatsache abfinden, daß Kronprinz Rudolf ein Mörder war (er erschoß – auf deren ausdrücklichen Wunsch – seine damalige Begleiterin, Baronin Mary Vetsera) und Selbstmord begangen hatte. Deshalb hielt sie ein Leben lang an der Theorie fest, daß er von politischen Verschwörern ermordet wurde. Bekräftigt wurde die Vermutung Kaiserin Zitas durch die Offenbarung einer Klosterfrau aus Metz. Ihr zufolge wäre der Kronprinz von einem Mann ermordet worden, hätte dann noch eine Viertelstunde gelebt und sich zuletzt »zu Gott gewendet. Dass aber dies nicht wahr, kann Wiederhofer (der kaiserliche Leibarzt) bezeugen, der ja alles gesehen hat.« (aus dem Tagebuch Erzherzogin Marie Valéries, einer Schwester Kronprinz Rudolfs, 25. Mai 1889)

Kaiserin Zita (mit Schirm) hatte schon als Mädchen von der »Weißen Frau« in der Hofburg gehört. Ihr Interesse wuchs, als sie die Frau Erzherzog Karls, des späteren letzten Kaisers von Österreich, und Residentin des Wiener Stadtschlosses wurde.

nur sehr vorsichtig gestreift, da ja Kaiser Franz Joseph (der Vater Kronprinz Rudolfs) *während meiner ersten Ehejahre noch am Leben war. Und während der letzten zwei Kriegsjahre*) blieb einem wenig Zeit und Gelegenheit, solche Fragen zu behandeln. Dagegen behauptete man allgemein, daß die Erscheinung beim Tod Kaiserin Elisabeths zum ersten Mal ausgeblieben sei, was damals sehr intensiv diskutiert wurde. Das würde bestätigen, daß an der Sache doch etwas war, denn gerade der tragische Tod der Kaiserin wäre der richtige Moment gewesen, so einer Legende mehr Glaubwürdigkeit zu verleihen. Auch nach dem Tod*

*) Während der beiden ersten Jahre des Ersten Weltkriegs hatte Kaiser Franz Joseph regiert, während der beiden letzten sein Großneffe und Nachfolger Kaiser Karl, der Ehemann Zitas.

Kaiser Franz Josephs mußte ich konstatieren, daß niemand etwas gesehen hatte und daß die Weiße Dame sicher nicht in der Burg umgegangen war. Auch diesmal hat sich ganz Wien damit beschäftigt. Das allgemeine Urteil war, daß sie zwischen dem Tod des Kronprinzen 1889 und demjenigen von Kaiserin Elisabeth 1898 erlöst worden sei. Wer diese Dame gewesen sein konnte, wußte mir niemand zu sagen, allerdings habe ich aus Zartgefühl auch nicht zu viele Leute gefragt, die mir vielleicht aber eine Antwort hätten geben können.« (dies., undatierte Niederschrift)

Kaiser Franz Joseph, der als tiefgläubiger Katholik ebenfalls unter der Wahrheit litt, wäre Mord als Todesursache sehr zurecht gekommen. Aber er kannte den genauen Tathergang und die Abschiedsbriefe seines Sohnes an mehrere Familienmitglieder, weshalb also kein Zweifel an dessen Freitod bestand. Der Kaiser mußte im Gegenteil seiner Familie sogar erzählen, daß er *»von allen Seiten* (höre), *dass hier* (in Ungarn) *fast niemand an die Art von Rudolfs Ende glauben wolle, dass die meisten an Mord oder doch gezwungenen Selbstmord glauben … Papa sagt ganz richtig, es sei unbegreiflich, wie die Leute glauben können, dass man das Ärgste erfindet.«* (ebenda)

Vermutlich ist es auf die Prophezeiung der Nonne aus Metz und auf die kurz nach der Tat sehr verschieden lautenden Pressemeldungen zurückzuführen, daß einige Hobby-Historiker bis heute an politische Verschwörung und an Mord glauben. In manchen Berichten hieß es allerdings auch, der Tod wäre durch »Herzstillstand« eingetreten. Diese Angabe hat man – soweit ich mich erinnere – auch an die Patres der Augustinerkirche weitergegeben, um den Kronprinzen in der dortigen Familiengruft christlich beisetzen zu dürfen. Eine Geisteskrankheit, vermutlich Schizophrenie, die von den Ärzten erst später in Erwägung gezogen wurde, hätte den besten Grund für die »Freisprechung« durch die katholische Kirche gegeben: »*Wiederhofer* (s. S. 40) *sagt, er* (Kronprinz Rudolf) *sei eben an Verrücktheit gestorben, wie ein anderer an einer andern Krankheit. Dieser Gedanke ists, glaube ich, der Papa aufrechterhält* ...« (Marie Valérie, 21. August 1889)

Einige Jahre, nachdem Kaiserin Zita diese Geschichte niedergeschrieben hatte, stieß sie auf ein Buch, in dem wieder einmal von der Erscheinung der Weißen Dame in der Hofburg die Rede war. Und zwar diesmal konkret im Zusammenhang mit dem Mordanschlag auf Kaiserin Elisabeth. »*Im Buch von Maurice Paléologue, Elisabeth, Kaiserin von Österreich*) steht auf den Seiten 226, 227, 228 ... Tief in der Nacht hat* (Kaiserin Elisabeth) *eigenartige Visionen: ein Phantom*

---

*) Das Buch war 1939 erstmals in französischer Sprache erschienen. 1958 wurde es in Frankreich neu aufgelegt. Um diese Zeit scheint Kaiserin Zita ein französischsprachiges Exemplar gelesen zu haben, obwohl in der Zwischenzeit (1946) auch eine deutsche Übersetzung erschienen war. Als geborene Bourbonin und Mitglied der Herzogsfamilie von Parma hat sie sowohl Italienisch als auch Französisch als Muttersprachen beherrscht. Das betreffende Textzitat hat sie handschriftlich kopiert und der zuvor wiedergegebenen Niederschrift beigefügt. Ihre französische, zum Teil nicht vollständig leserliche Fassung lautet: »Im Buch von Maurice Paléologue, ›Elisabeth, Impératrice d'Autriche‹ steht auf den Seiten 226, 227, 228, die die letzten Monate der Kaiserin beschreiben: ›*Profond, dans les ombres de la nuit, elle a d'étranges visions: elle aperçoit un fantôme* (unleserlich) *qui la regarde fixement pour évanouir aussitot. Elle en est d'autant plus alarmée que d'après une légende* (unleserlich) *depuis des siècles chez les Habsbourg tant les grands malheurs de la dynastie lui furent* (unleserlich) *par l'apparition nocturne d'un spèctre blanc, ›la Dame blanche‹. Un membre de la famille impériale ne doute que le spèctre annonciateur ne soit apparu* (?) *tous* (?) *les arbres* (?) *de Schönbrunn ou dans les couloirs de la Hofbourg aux dates critiques de 1621, 1740, 1809 et 1866; l'apparition s'est reproduite enfin, quelques jours avant le suicide de l'heréditaire Rodolphe, au mois de janvier 1889.*
Or, le 30 août 1898, Elisabeth, qui réside a Caux, près de Mont... (unleserlich) *et qui vers minuit prend le frais sur son balcon, voit distinctement ›la Dame blanche‹ errer dans le parc de l'hotel, la fixer avec insistance, puis s'évaporer.*
Le 5 septembre de cette même année 1898, l'Impératrice vient habiter Genève à l'hôtel Beau Rivage. Le 10 septembre à deux heures de l'après-midi, accompagnée

erscheint ihr, das sie beständig anschaut, um dann bald wieder zu verschwinden. Sie ist darüber sehr beunruhigt, da es gemäß einer jahrhundertealten Sage heißt, daß eine nächtliche weiße Gestalt, die sogenannte Weiße Dame, immer dann erscheint, wenn die Habsburger von einem großen Unglück betroffen würden. Ein Mitglied der kaiserlichen Familie weiß ganz sicher, daß der unheilverkündende Geist ... in den kritischen Jahren 1621, 1740, 1809 und 1866) in Schönbrunn und in den Gängen der Hofburg erschienen ist. Schließlich ist er im Januar 1889 einige Tage vor dem Selbstmord des Erbprinzen Rudolf wieder erschienen. Und am 30. August 1898 sieht Elisabeth, die sich in Caux*

---

de la Comtesse Sztáray, elle traverse le quai du Mont-Blanc, ou elle doivent s'embarquer pour une promenade sur le lac. (An dieser Stelle endet die oben zitierte Übersetzung, der Rest der französischen Abschrift wird der Vollständigkeit halber angefügt:) *Elle se sent moins triste que d'habitude, les nerfs détendus, car le* (unleserlich) *est radient et la surface des* (unleserlich) *scintelle comme une grand nappe de lumière. ›Oh!‹ dit-elle à sa compagne, ›regarde ces beaux marronniers! ... L'Empereur m'écrit qu'à Schönbrunn aussi les marronniers recommencent à fleurir. N'est-ce pas étonnant!‹*
A cette minute (unleserlich) *un ouvrier s'approche d'elle et, dans un mot, d'un seul geste, lui en fonce un poignard dans le cœur ...‹*

*) Mit der Nennung der Jahreszahl 1621 ist wohl einem der Erzähler ein Irrtum unterlaufen. Es läßt sich aber leicht erraten, auf welches Ereignis angespielt wird: Kaiser Ferdinand II. war in dieser Epoche im Zuge der Gegenreformation von den Protestanten in der Wiener Hofburg gefangengehalten worden. Das war 1619 und wird die wohl gemeinte Jahreszahl sein. 1620 wurden die Aufständischen in der »Schlacht am Weißen Berg« geschlagen, und das angesprochene Jahr 1621, in dem Kaiser Ferdinand II. seinen konfessionell begründeten Absolutismus schon durchgesetzt hatte, ist hauptsächlich wegen des von ihm verfaßten Testamentes von Bedeutung: Er hat darin für die Familie die Primogenitur und die ungeteilte Erbfolge festgelegt.
Im Jahr 1740 starb der letzte Habsburger, Kaiser Karl VI., und seine älteste Tochter Maria Theresia mußte als seine Amtsnachfolgerin – völlig unvorbereitet und von kaum einer europäischen Macht als Regentin anerkannt – das außerordentlich schwere Erbe antreten.
1809 nahm Kaiser Napoleon I. Wien ein.
Schließlich ist das Jahr 1866 durch die für Österreich verheerend endende Schlacht bei Königgrätz in die Geschichte eingegangen.

Abholung des Leichnams von Kaiserin Elisabeth aus dem Hotel Beau Rivage in Genf. Hier hatte die Kaiserin gewohnt, bevor sie sich am 10. September 1898 für eine Fahrt über den See einschiffte und auf dem Weg dorthin von einem Attentäter erdolcht wurde.

(in der Schweiz) … *aufhält und am Balkon die kühle Nacht genießt, gegen Mitternacht ganz deutlich im Park des Hotels die Weiße Dame herumirren. Sie starrt sie beständig an, um sich schließlich aufzulösen. Ab 5. September desselben Jahres 1898 hält sich die Kaiserin einige Zeit in Genf auf, wo sie im Hotel Beau Rivage wohnt. Am 10. September geht sie in Begleitung von Gräfin Sztáray um 2 Uhr nachmittags über den Quai Mont-Blanc, um sich dort für eine Fahrt über den See einzuschiffen …«* (Übersetzung der handschriftlichen Kopie Kaiserin Zitas)

Das Ende der Geschichte ist hinlänglich bekannt: Kaiserin Elisabeth wird von einem Mann niedergestoßen, der ihr eine Feile ins Herz bohrt. Es gelingt ihm, die Waffe wieder aus ihrem Brustkorb zu ziehen, weshalb man zunächst nicht erkennt, was genau geschehen war. Die Kaiserin richtet sich auf, geht weiter und erreicht sogar noch das Schiff, mit dem sie Genf verlassen möchte. Sie erleidet aber bald einen Schwächeanfall, sinkt zusammen und verstirbt wenig später an den Folgen des Attentats. Der genaue Tathergang ist in dem 1909 erschienenen Buch »Aus den letzten Jahren der Kaiserin Elisabeth« nachzulesen. Die damalige Begleiterin der Kaiserin und Zeugin des Mordanschlags, die Hofdame Gräfin Irma Sztáray, hat darin die letzten Stunden der Kaiserin akribisch genau festgehalten.

Doch wieder zurück zu Kaiserin Zita und ihrer Forschung zu den Erscheinungen der Weißen Dame in der Hofburg. Wenn sie sich auch freute, in dem Buch wieder einmal etwas über sie zu erfahren, so war sie nicht ganz sicher, ob sie der Erzählung Glauben schenken durfte. Da sie von dieser Erscheinung noch niemals zuvor gehört hatte, versah sie den Textauszug mit einer handschriftlichen Bemerkung: »*Maurice Paléologue hat sich als Historiker sichtbar bemüht, alle Details richtig wiederzugeben – wenn ich auch nicht alles mit beiden Händen unterschreiben könnte. Ich halte es aber für unmöglich, daß er die obige Beschreibung aus der Luft gegriffen hätte. Ich vermute, er hatte sie von der Kaiserin Eugénie …* (unleserlich, vermutlich: erfahren) *die ihm viel über Kaiserin Elisabeth erzählte. Sie selbst könnte diese präzise datierte Erscheinung …* (unleserlich) *von Kaiser Franz Joseph, der sie sehr schätzte, oder aber von Gräfin Sztáray selbst erfahren haben. Paléologue sagt in diesem selben Buch in einer Fußnote auf S. 219, 220 folgendes*): ›Ich habe Kaiserin Eugénie in den*

*) »*J'ai rencontré …* (unleserlich) *fois l'impératrice Eugénie, dans les 20 dernières années de sa vie. Elle m'honorait de sa confiance, dont j'ai publié quelques précieux témoignages sous le titre: ›Les entretiens de l'impératrice Eugénie‹ (1928). Elle m'a*

Gräfin Irma Sztáray, Begleiterin Kaiserin Elisabeths in Genf und Zeugin des Mordanschlags auf sie. Ihr verdanken wir die genaue Beschreibung der letzten Stunden im Leben der Kaiserin.

letzten 20 Jahren ihres Lebens … (mehrere?) *Male getroffen. Sie ehrte mich mit ihrem Vertrauen und vertrauensvollen Mitteilungen, von denen ich einige kostbare Zeugnisse unter dem Titel ›Gespräche mit Kaiserin Eugénie‹ (1928) veröffentlichen durfte. Sehr oft hat sie mir von Kaiserin Elisabeth erzählt, für*

---

souvent parlé de l'impératrice Elisabeth, pour … (unleserlich) *une chaude sympathie, pleine d'admiration, d'indulgence et de pitié. Le lui ai du aurai beaucoup de renseignements ou d'apercus révé… sur les pensées intimes, la nature profonde, la vie secrète et compliquée de sa douloureuse amie. C'est donc par les …* (unleserlich) *de l'impératrice Eugénie j'ai eu d'abord l'image d'Elisabeth se dessiner devant moi. Des nombreux documents que j'ai consulté plus tard, m'ont permis de préciser, d'accentuer cette image première, ils ne l'ont jamais contredite.«* (handschriftliche Kopie des französischen Originaltextes von Maurice Paléologue) – Das Buch über Kaiserin Eugénie ist im Jahr 1928 auch in einer deutschen Ausgabe unter dem Titel ›Vertrauliche Gespräche mit Kaiserin Eugénie‹ erschienen.

... (die sie) *herzliche Sympathie, große Bewunderung, aber auch Nachsicht und Mitleid empfand. Ihr verdankte sie viele Ratschläge und* (aufschlußreiche?) *Bemerkungen über ihre intimen Gedanken, die Tiefe ihres Wesens sowie über das geheime und komplizierte Leben der leidgeprüften Freundin. Über die* (wahrscheinlich: Vermittlung) *von Kaiserin Eugénie habe ich als erstes begonnen, mir ein Bild von Elisabeth zu machen. Zahlreiche Dokumente, die ich später herangezogen habe, machten es mir möglich, diese erste Vorstellung deutlicher zu konturieren und zu vervollständigen. Sie haben ihm* (dem ersten Bild) *niemals widersprochen.*‹«

Kaiserin Zita hat in einer weiteren Anmerkung darauf hingewiesen, daß die ursprüngliche Quelle der Geschichte in dem Buch nicht genannt wurde und daß sie selbst sich nicht vorstellen konnte, von wem sie stammte. Im Literaturverzeichnis des Buches von Maurice Paléologue fand sie die Bände von Gräfin Sztáray und Constantin Christomanos, einem der Griechischlehrer Elisabeths, angeführt, weshalb sie einen der beiden als Urheber in Verdacht hatte. Beide waren innige Vertraute Kaiserin Elisabeths gewesen und haben ihre Erinnerungen später in Buchform herausgegeben. Gräfin Irma Sztáray verfaßte den früher erwähnten Band »Aus den letzten Jahren der Kaiserin Elisabeth«, Constantin Christomanos hat sie in den »Tagebuchblättern« veröffentlicht. In beiden Büchern findet sich aber kein Hinweis auf die oben zitierte Geschichte. Die Autoren haben sich ausschließlich auf Erzählungen von gemeinsam mit der Kaiserin unternommenen Reisen beschränkt. Der eine – Christomanos – auf außerordentlich schwärmerische Art, die andere – Gräfin Sztáray – wesentlich sachlicher, wenn auch in ihrem Text die Verehrung für ihre Dienstgeberin nicht zu überhören ist.

So muß man am Ende der Nachforschungen über die Weiße Dame in der Hofburg oder sonstwo verwirrt feststellen, daß die Aussagen über ihr Erscheinen ziemlich auseinanderlaufen. Soll sie ab Kaiser Joseph II. alle Habsburger Regenten heimgesucht haben (um sie vor einer jeweils drohenden Katastrophe zu warnen), so ist ihre Spur später wesentlich schwieriger weiterzuverfolgen. Kaiserin Zita, die ein Leben lang über die Weiße Dame in der Hofburg forschte, konnte zuletzt auch nicht mehr darüber feststellen, als daß sie früher wohl oft und an den meisten Stellen der Hofburg erschienen war, daß sie sich aber gegen Ende der Monarchie ziemlich rar gemacht hat. Besonders wider-

Letzte Aufnahme Elisabeths mit ihrem Ehemann, Kaiser Franz Joseph, während eines Spaziergangs in Bad Kissingen. Anläßlich dieses Besuchs hatte der Kaiser seine Frau zum letzten Mal lebend gesehen.

sprüchlich lauten die Erzählungen aus der Zeit kurz vor dem Mordanschlag auf Kaiserin Elisabeth. Viele Leute, die in der Hofburg wohnten, behaupteten, daß sie damals zum ersten Mal ausgeblieben sei. Später las Kaiserin Zita aber in einem Buch, daß in dieser Epoche sehr wohl außersinnliche Phänomene wahrgenommen wurden: unter anderem ein – leider nicht genauer beschriebenes – Phantom, das sogar mehrmals erschienen sei. Und zwar Kaiserin Elisabeth selbst. Zuletzt zehn Tage vor ihrem Tod. Diesmal aber nicht in Wien, sondern im Park eines Schweizer Hotels, in dem sie wohnte.

In der Zeit des Ersten Weltkrieges, in der Zwischenkriegszeit und während des Zweiten Weltkrieges verwischen sich die Spuren der Weißen Dame. Was aber nicht bedeutet, daß sie ab nun nicht mehr wahrgenommen wurde. Denn der österreichische Schriftsteller Alexander Lernet-Holenia ist ihr ja wahrhaftig begegnet, und das sogar in der Wiener Hofburg, also an ihrem eigentlichen Wohnort. Er hat die Erscheinung in seinem Buch über die »Geheimnisse des Hauses Österreich« bewährterweise einem unpersönlichen »Man« zugeschrieben. Sein Biograph Roman Rocek hat aber nachgewiesen, daß sie tatsächlich dem Schriftsteller selbst begegnet ist. Davor wäre die Weiße Dame – nun wieder gemäß den Forschungen Lernet-Holenias – das letzte Mal in der Nacht vor dem Mordanschlag auf Kaiserin Elisabeth erschienen. Leider deckt sich aber diese Erzählung nicht mit denen der anderen Quellen. Denn laut seiner Aussage war sie nicht in der Hofburg, sondern in Schloß Schönbrunn erschienen. Und zwar einigen dort diensttuenden Wachebeamten, unter denen sich sogar einer seiner Verwandten befand. Zuletzt ist die Weiße Dame vor etwa zwanzig Jahren wahrgenommen worden. Damals ist sie einem Beamten der

Bundesdienststelle erschienen. Also endlich wieder in ihrem ursprünglichen Heim, der Wiener Hofburg.

Nun aber rasch von der habsburgischen Winterresidenz in das Sommerschloß der Familie, nach Schloß Schönbrunn, das – wie bereits angedeutet – ebenfalls mehrmals Schauplatz paranormaler Phänomene wurde. In früheren Zeiten kehrte ein treuer, aber »unheilverkündender Geist« immer wieder dorthin zurück, um die Habsburger vor einem jeweils drohenden Unheil zu warnen. Diesen Hinweis verdanken wir Maurice Paléologue, dem Biographen Kaiserin Elisabeths und Kaiserin Eugénies. Bei ihm findet sich – wie bei seinem Kollegen Lernet-Holenia – aber auch eine Bemerkung über die Weiße Dame in Schloß Schönbrunn, die offensichtlich manchmal einen Wohnungswechsel vornahm. Gemäß seinen Forschungen sei sie dort nicht nur vor dem Attentat auf Kaiserin Elisabeth, sondern auch vor dem Tod Kronprinz Rudolfs gesehen worden. Andere, noch nie veröffentlichte Berichte über verschiedenartigste Erscheinungen im Sommerschloß der Habsburger stammen aus dem schriftlichen Nachlaß Kaiserin Zitas. Sie sind auf den Seiten 123 ff. und 188 ff. nachzulesen. Bleibt zuletzt noch eine besonders interessante Geschichte, die mir von mehreren Personen – unabhängig voneinander – erzählt wurde und sich auf ein akustisches Phänomen bezieht. In einem bestimmten Saal des Schlosses scheint abends ein immer wiederkehrendes Stimmengewirr gehört worden zu sein: und zwar sowohl von Mitgliedern der kaiserlichen Familie als auch von Hofbediensteten. Während der Zeit der Monarchie. Pikanterweise wirkt das abendliche Geflüster und Gekicher der Hofgesellschaft sogar bis in unsere republikanischen Tage nach. Denn auch einige Angestellte der Schloß Schönbrunn-Betriebsgesellschaft wollen diese geräuschvolle, aber friedliche Wahrnehmung gemacht haben. Dazu wäre noch zu bemerken, daß die heutigen Ohrenzeugen nicht die Erlebnisse der früheren kannten. – Das akustische Phänomen scheint ohne besonderen Grund aufzutreten und von schelmischen Geistern herzurühren. Das ist sicherlich einer der nettesten Aspekte der paranormalen Welt, für den es sogar eine Erklärung gibt: Da es unter den »lebenden Geistern«*) – wie Lotte Ingrisch und andere Parapsychologen uns Nicht-Tote nennt – eine Menge von Witzbolden gibt, ist auch das Reich der »toten Geister« voll von fröhlichen Gesellen. Es gibt also keinen triftigen Grund, unter den ehemaligen Bewohnern von Schloß Schönbrunn nur tragische oder bösartige Charaktere zu vermuten. Wer weiß, ob sich nicht sogar der eine oder andere verstorbene Habsburger der Gruppe dieser heiteren Geister angeschlossen hat?

---

*) »Es gibt nämlich keinen Unterschied, überhaupt keinen, zwischen dem Gespenst eines Lebendigen, eines Sterbenden und eines Toten. Und Sie haben richtig gelesen, wir sind alle Gespenster! Von Adams Fleisch verhüllte Geister, und eines Tages fällt dieses Fleisch von uns ab. Wir aber, denkende und fühlende persönliche Wesen, bleiben dieselben. Mit all unseren Hoffnungen, Ängsten, Problemen.« (Ingrisch, S. 53f.)

3.
Die frühen Habsburger: Visionen, Voraussagungen und astrologische Berechnungen

Wenn man von den außersinnlichen Wahrnehmungen der beiden letzten Jahrhunderte hört, wird man sich gut vorstellen können, daß auch den Habsburgern früherer Epochen paranormale Phänomene nicht fremd waren. Entweder hatten sie selbst Erscheinungen und Visionen oder aber sie wurden unfreiwillige »Opfer« von Prophezeiungen. Da es aber den Rahmen dieses Buches sprengen würde, die diesbezüglichen Forschungsergebnisse aus beinahe 800 Jahren wiederzugeben, werden in diesem Band hauptsächlich die Erlebnisse der beiden letzten, uns nächstliegenden Jahrhunderte überwiegen. Einmal davon abgesehen, daß aus dieser Zeit das meiste – unter anderem unveröffentlichte – Material existiert. Besonders interessant ist dabei die Tatsache, daß es unter den Habsburgern eine Menge parapsychologisch Begabter gab*). Sogar einer der frühesten, der erste regierende römisch-deutsche König der Dynastie, Rudolf I., hatte einen guten Bezug zum Jenseits. Der im 13. Jahrhundert lebende Mann wußte nämlich seinen baldigen Tod vorauszusagen: Als er »sein Ende nahen fühlte, wollte er nach Speyer, wo seine königlichen Vorgänger lagen. ›Und daß man mich nicht hinbringen muß,‹ sagte er, ›will ich lieber selber zu ihnen geritten kommen.‹« (Ingrisch, S. 26) Rudolf war damals 73 Jahre alt**) und hatte – wohl im Zusammenhang mit der Ahnung des nahen Todes – das Bedürfnis, noch ein-

*) S. dazu die Kapitel auf den S. 147 ff., 173 ff., 188 ff. und 206 ff.

mal die schweizerischen Erbländer zu besuchen. So begab er sich mit seiner Familie und dem Hofstaat auf eine mehrere Wochen lang dauernde Reise. Dabei machte er öfters halt, um sich bei Freunden und Verwandten aus dieser Welt zu verabschieden. Als er in Straßburg ankam, befiel ihn eine große Schwäche, sodaß er fürchtete, Speyer und die Gräber der ihm vorangegangenen deutschen Könige nicht mehr lebend zu erreichen. So geschah es dann auch. Rudolf starb am 15. Juli 1291 in Germersheim, auf dem direkten Weg nach Speyer. Erst als Toter traf er an dem jahrhundertealten Bischofssitz ein und wurde an der Seite seiner Amtsvorgänger in der Krypta des Domes beigesetzt.

Von der natürlichen Fähigkeit einzelner Menschen, den Verlauf und das Ende eines Lebens voraussagen zu können, zeugen jahrtausendealte Berichte aus den verschiedensten Kulturen. Und es gibt bis in unsere Tage eine Menge visionär begabter Personen, die – willkürlich oder unwillkürlich – Ahnungen oder vorausschauende Wahrnehmungen aus der jenseitigen Welt empfangen können. Um nicht länger auf Zufälle angewiesen zu sein, hat man seit der sogenannten »Neuzeit«, der Geburtsstunde der meisten Wissenschaften, begonnen, sich mit seiner »Berechenbarkeit« auseinanderzusetzen. Man war sich plötzlich ganz sicher, daß die Gestirne Einfluß auf alles irdische Geschehen hätten und man an ihrem Verlauf die Geschicke der Menschheit ablesen konnte. Die Vertreter der neu entstandenen Lehren der Astrologie und Astronomie gingen nun also daran, die Zukunft zu

---

**) Da dieses Alter für die damalige Zeit beträchtlich hoch war, werden Zweifler nun argumentieren, daß das Lebensende Rudolfs auch für Außenstehende absehbar war. Das mag einerseits stimmen. Dieser Aussage kann man aber entgegenhalten, daß ein Mensch, der im ausklingenden Mittelalter einmal so alt geworden war, auch noch älter werden konnte.

Schon der erste regierende Habsburger König, Rudolf I., hatte einen guten Bezug zum Jenseits und wußte seinen baldigen Tod vorauszusagen.

»berechnen«. Das war im frühen 16. Jahrhundert, woraufhin die Sternenkunde im europäischen Raum eine Hochblüte erlebte (die Ursprünge dieser Wissenschaft reichen auf anderen Kontinenten bis weit in das 4. Jahrtausend vor Christus zurück). Astronomen, Astrologen und Horoskopsteller nahmen an den Fürstenhöfen der Renaissance die wichtigsten Stellen ein. Die berühmtesten unter ihnen waren begehrte Persönlichkeiten, die ihren prominenten Zeitgenossen aus der Kunst in nichts nachstanden: Nikolaus Kopernikus, Tycho de Brahe, Galileo Galilei und Johannes Kepler teilten sich die Gunst der Herrscher mit den bedeutendsten Architekten, Malern und Bildhauern ihrer Epoche.

Etliche Habsburger – übrigens auch so nüchterne Persönlichkeiten wie der große Befehlshaber des Dreißigjährigen Krieges, Graf Albrecht Wallenstein*) – beschäftigten ihre eigenen Astrologen**), von denen sie sowohl Rat für die private Familienplanung als auch für politische Unternehmungen entgegennahmen. Als einer der frühesten, der im Bann der Sterndeuterei stand, ist Kaiser Maximilian I. zu nennen. Nachdem die Wissenschaft im 15. Jahrhundert von Italien in den mitteleuropäischen Raum eingeführt worden war und dort rasch große Verbreitung fand, gab es bereits Heerscharen von Sterngläubigen. »Die Kirche bekämpfte zwar (von Anfang an) den astrologischen Wahn, aber selbst Kardinäle und Bischöfe ... hielten an ihren Höfen Astrologen. Maximilian glaubte zu dem Planeten, der über seiner Geburt gewaltet hatte, in einem Kindschaftsverhältnis zu stehen und meinte, ihm Schicksal, Gemütsart und Temperament zu verdanken. Bis in die Kreise der Bauern und Schäfer fand die Sterndeuterei damals Anhänger. Planetenbücher, Prognostiken, Sternbildzeichnungen und Kalender gehörten zu den ersten Druckerzeugnissen und flatterten in Windeseile über ganz Deutschland. Am kaiserlichen Hofe wirkte einer der bekanntesten Persönlichkeiten, Johann Lichtenberg, als Astrologe. Seine Prognostiken wurden allein in Augsburg zehnmal in einem Jahre gedruckt und immer wieder aufgelegt. Stundenlang konnte sich Max mit ihnen beschäftigen

*) In Wahrheit hieß der berühmte Feldherr »Waldstein«, obwohl der Name »Wallenstein« viel geläufiger ist. Die Umbenennung erfolgte durch Friedrich Schiller, der die richtige Lautfolge für seine Verse als zu holprig und deshalb als ungeeignet erachtete.

**) Sein Astrologe war der in so vielen Kreuzworträtseln erfragte Giovanni Baptista Seni. Der aus Italien stammende Wissenschaftler trat 1629 in die Dienste Waldstein-Wallensteins. Er war zum Zeitpunkt seiner Einstellung um die dreißig Jahre alt.

Kaiser Maximilian I. (ganz rechts), einer der frühesten Anhänger der Astronomie und Astrologie: Er glaubte, daß er zu dem Planeten, der zur Zeit seiner Geburt waltete, in einem Kindschaftsverhältnis stand und ihm Schicksal, Gemütsart und Temperament verdankte.

und sich von ihren Geheimnisse durchschauern lassen.« (Winker, S. 319)

Wie weit – und ob überhaupt – die astrologisch berechneten Voraussagungen damals eintrafen, läßt sich heute schwer nachprüfen. Man ist sicher gut beraten, das meiste anzuzweifeln, da der Großteil der sogenannten Prophezeiungen erst im nachhinein zurechtgebogen und »zurechtgedeutet« wurden. Das schließt allerdings nicht aus, daß einige Astrologen richtige Treffer landeten: unter ihnen auch einer der Horoskop-Steller Kaiser Maximilians I. Als Wissenschaftler führte er den lateinischen Namen Collinitius (eigentlich hieß er Tannstetter) und betreute den Habsburger in erster Linie als Arzt. Er war wie etliche seiner Zeitgenossen »universal« gebildet (was damals, als das Gesamtwissen der Menschheit in ein paar Büchern Platz hatte, leicht möglich war) und arbeitete in seinem Zweitberuf als Astrologe. Wie unangenehm ihm seine erfolgreichste Prognose werden sollte, hat Max Kemmerich herausgefunden und in dem 1911 erschienenen Werk »Prophezeiungen. Alter Aberglaube oder neue Wahrheit?« veröffentlicht. Während der Arbeit über die *»›Lebensdauer und Todesursachen innerhalb der deutschen Kaiser= und Königsfamilien‹ ... stieß ich* (Kemmerich) *auf folgende Stelle: ›Mit des Kaisers* (Maximilian I.) *Kräften ging es zur Neige, als er Ende September 1518 von Augsburg durch die Ehrenberger Klause in sein geliebtes Tirol gezogen kam ... Die Ärzte konnten nichts helfen, zumal einer, Collinitius ... hoffnungslos war wegen eines Horoskopes, das er vor Jahren vor Zeugen über des Kaiser Todesepoche gestellt hatte ...«* (ders., S. 14) Der Arzt und Sterndeuter sollte Recht behalten, denn Maximilian I. starb tatsächlich an dem im voraus errechneten Termin. Zweifler könnten nun behaupten, daß es in dieser Epoche einfacher war, ein Sterbedatum

Prag war unter Kaiser Rudolf II. ein Zentrum der Wissenschaften. Unter den großen Astronomen und Astrologen der Zeit wirkten dort Tycho de Brahe und Johannes Kepler.

im voraus festzulegen, als einen Kranken medizinisch richtig zu versorgen. Denn das Wissen der Ärzte befand sich auf einem erschreckend tiefen Bildungsstand. Demgegenüber stand das Wissen der Astrologen, die – vielleicht aus eben dem Grund – auf ihrem Gebiet eine ziemlich hohe Erfolgsquote erreichten. – Im Zusammenhang mit dem errechneten Sterbetermin von Maximilians Arzt bliebe allerdings noch zu überprüfen, ob der Betroffene selbst die Voraussagung kannte. Wenn er davon wußte, wäre es durchaus möglich gewesen, daß dieser sternengläubige Mann die Zeit zum Sterben schon um »der guten Ordnung halber« einhielt.

Einen ähnlichen Grund – »Wissenschaftshörigkeit« – könnte auch der Ururenkel Kaiser Maximilians I. gehabt haben, als er seine Augen für immer schloß. Denn der in Prag lebende Kaiser Rudolf II. war wie sein Ururgroßvater ganz dem Sternenglauben ergeben. Der an seinem Hof beschäftigte, aus Dänemark stammende Astronom Tycho de Brahe zählte zu den bedeutendsten Gelehrten*) seiner Zeit und wirkte wie die meisten seiner Kollegen auch als Horoskop-Steller. Als solcher hatte er eines Tages eine Entdeckung gemacht, die den monatelang krank darniederliegenden Rudolf II. mit einem Schlag jede Hoffnung auf ein Weiterleben nahm. Der Kaiser *»versank in tiefe Melancholie, da er seinen Tod für unvermeidlich hielt. Tycho Brahe, sein großer Astronom, hatte nämlich durch das Horoskop gefunden, daß er und sein Lieblingslöwe unter demselben Einfluß stünden. Letzterer war aber in diesen Tagen gestorben.«* (zit. in: Kemmerich, S. 14f.) Und Rudolf II. folgte ihm innerhalb kürzester Zeit nach.

Auf Tycho de Brahe ist auch die folgende – astronomisch errechnete – Voraussage zurückzuführen, die zu Beginn des 16. Jahrhunderts den Aufstieg eines mächtigen europäischen Fürsten ankündigte: Er *»deutete den neuen Stern, der 1572 in der Cassiopeia erschien, als Ursache der Geburt eines tapferen Prinzen, dessen Waffen Deutschland überstrahlen, der selbst aber 1632 wieder verschwinden würde ... Die Deutung auf Gustav Adolf von Schweden liegt nahe genug. Allerdings wurde er erst 1594 geboren, starb aber 1632.«* (Kemmerich, S. 84) Auch Brahes Zeitgenosse, der Astronom Johannes Kepler**), stellte für die kaiserliche Familie Horoskope und zeichnet in diesem Zusammenhang für folgende Prophezeiung verant-

---

*) Durch langjährige Beobachtungen des Sternenhimmels lieferte Brahe der Wissenschaft bedeutende Beiträge. Er verbesserte die Beobachtungsverfahren, steigerte damit die Meßgenauigkeit und schuf mit seinen Erkenntnissen eine wertvolle Grundlage für die späteren Arbeiten Johannes Keplers über die Planetenbewegungen.

**) Der aus Deutschland stammende Astronom hatte seine Karriere am kaiserlichen Hof in Prag zunächst als Assistent von Tycho de Brahe begonnen. Nach dessen Tod im Jahr 1601 übernahm er Brahes Funktionen als Hofastronom und

wortlich. »*Kepler sagte in seiner astrologischen ›Practica‹ für das Jahr 1619 den Tod des Kaiser Matthias richtig voraus, und zwar durch ein sechsfaches M. M(agnus) M(onarcha) M(atthias) M(ense) M(artis) M(orietur), d.h. der große Monarch Matthias wird im Monat März sterben. Das war auch richtig, denn der Kaiser schloß die Augen am 20. dieses Monats.*« (Kemmerich, S. 84) Da man annehmen darf, daß der schon lange Zeit kränkelnde Matthias die Voraussagung kannte, kann man vermutlich auch ihn unter die »freiwillig zum richtigen Zeitpunkt verstorbenen Habsburger« reihen. Nichtsdestotrotz muß man am Ende dieses – hauptsächlich der Unterhaltung halber eingefügten – Abschnittes zugeben, daß die Sterndeuterei gelegentlich Erfolge verzeichnete. Wenn ihre Trefferquote sicherlich auch nicht höher als bei 50:50 liegt, also »Eintreffen« oder »Nicht-Eintreffen« des Vorausgesagten. Über diese Quote verfügen allerdings alle Visionen und Prophezeiungen, selbst wenn sie vom unbedarftesten Laien ausgesprochen werden.

Ein Mensch des 21. Jahrhunderts mag darüber staunen, daß in dieser Epoche ernsthafte Wissenschaftler wie Tycho de Brahe und Johannes Kepler Horoskope erstellten. Es klingt weniger verwunderlich, wenn man weiß, daß die mathematischen Wissenschaften (zu denen auch die Astrologie und die Astronomie gehörten) damals erst am Anfang ihrer Entwicklung standen und sich die Grenzen aller Lehren verwischten. Wenn man sich zudem vor Augen hält, wie

Mathematiker Kaiser Rudolfs II. Er verfaßte ab 1605 die nach ihm benannten »Keplerschen Gesetze«, die die Planetenbewegungen beschreiben. Darin wurde unter anderem das bis heute gültige »heliozentrische System« bestätigt. Nach seinen Berechnungen beschreiben die Planeten ihre Bahnen in Ellipsen, in deren einem Brennpunkt sich die Sonne befindet.

schwierig es zu dieser Zeit war, die Bahnen der Planeten mathematisch festzulegen, kann man sich leicht vorstellen, daß die Menschen das kompliziert wirkende Errechnen von Horoskopen als Wissenschaft erachteten. Hinzu kam der ohnehin jahrtausendealte Glaube an den Einfluß der Gestirne auf das irdische Geschehen, und schon war der Beweis der Gültigkeit erbracht: Etwas, das es schon so lange gab, konnte nicht falsch sein.

4.
Die Prophezeiungen von Nostradamus

Ganz anders als mit den errechneten Horoskopen von Tycho de Brahe und Johannes Kepler verhält es sich mit den Voraussagungen des zur selben Zeit lebenden Franzosen Nostradamus: Sein auf lange Frist ausgerichtetes, prophetisches Werk gilt bis heute als die Bibel der Prophetie. Michel de Nôtre Dame (so hieß der Autor, bevor er nach damaliger Mode seinen Namen latinisierte) wurde 1508 in der Provence als Sohn eines Stadtnotars geboren und übte als »universell gebildeter Mann« seiner Zeit gleichzeitig mehrere wissenschaftliche Berufe aus: Wie schon von den kaiserlichen Höfen bekannt, verdiente er sich gleichzeitig als Arzt, als Astrologe und als Wahrsager. Wobei seine Weissagungen – trotz der vermeintlichen Nähe zur Astrologie – aber nicht errechnet wurden, sondern ausschließlich als Bilder in seinem Kopf entstanden. Daß sie so vollständig erhalten sind, verdanken wir der Tatsache, daß Nostradamus erst im fortgeschrittenen Alter Vater wurde. Er fürchtete nämlich, nicht alt genug zu werden, um die Prophezeiungen einmal seinem Sohn weitergeben zu können (einmal davon abgesehen, daß es auch nicht einfach ist, den Inhalt von einhundert Geschichten nur ein paar Jahre lang im Kopf zu behalten). Also hielt er seine Visionen schriftlich fest: in vierzeiligen Versen, die er verschlüsselte, weil er Angst hatte, die katholische Kirche würde ihn der Hexerei bezichtigen. Was vor seinem geistigen Auge erschien und vorausdeutend war, bezog sich hauptsächlich auf Personen und Ereignisse, die ihm gei-

Eine der großen Widersprüchlichkeiten der Epoche: einerseits erfuhr die Medizin im 16. Jahrhundert einen mächtigen Aufschwung (immerhin begann man damals mit dem wissenschaftlichen Sezieren), auf der anderen Seite arbeiteten Ärzte oder auch als Horoskopsteller oder Wahrsager.

stig und örtlich nahelagen, also das Schicksal Frankreichs und das seiner Regenten.

Da Nostradamus seine Prophezeiungen sehr sorgfältig chiffrierte, sind sie oft auch im nachhinein schwer mit eingetroffenen Ereignissen zu vergleichen. Vieles ist bis heute nicht klar zuzuordnen, etliches kann mehrfach gedeutet werden. Manchmal sind die Voraussagungen auch so allgemein gehalten, daß sie auf mehrere Ereignisse zutreffen können. Erschwerend kommt hinzu, daß sie von verschiedenen Wissenschaftlern nicht nur verschieden interpretiert, sondern auch unterschiedlich übersetzt wurden. Die hundert originalen Vierzeiler sind in französischer Sprache verfaßt und wurden seit dem 16. Jahrhundert von beinahe zu vielen »Berufenen« in andere Sprachen übertragen. Dadurch unterscheiden sich vor allem die nicht-französischen Texte wesentlich voneinander. Und zwar nicht nur in bezug auf die verschiedenen Sichtweisen, sondern manchmal auch nur deshalb, weil sie schlampig oder falsch übersetzt wurden.

Trotz all dieser Vorbehalte ist das Werk jedem als Lektüre weiterzuempfehlen, und sei es nur darum, die persönliche Neugierde zu befriedigen. Denn daß an den Prophezeiungen etwas »dran ist«, bleibt unbestritten. Einige davon haben sich schon zu Lebzeiten von Nostradamus bewahrheitet. Unter anderem hatte er den Tod König Heinrichs II. von Frankreich vorausgesehen und konnte sogar die genaue Todesursache bestimmen (daß er im Kampf während eines Turnieres sterben würde). Selbstverständlich warnte er den Betroffenen vor. Der König hielt aber nichts von dem Hinweis, sagte weder den Wettkampf ab, noch nahm er sich dabei besonders in acht. So traf die Prophezeiung hundertprozentig ein und bescherte Nostradamus viel Ansehen.

Der betreffende Vers, der sich auf den Tod Heinrichs II. bezog, lautet im Deutschen:

»›Der junge Löwe wird den alten überwinden,
auf kriegerischem Feld im Einzelkampf.
Im goldenen Käfig die Augen wird der ihm ausstechen,
Von zwei Brüchen der erste, dann sterben, grausamen Tod.‹ *)

... Auch skeptische Nostradamus-Interpreten sehen in dieser Prophezeiung einen auffallenden Bezug zu einem Ereignis, das sich am 1.6.1559 zutrug. In einem Turnier hatte der französische König seinen Freund, den Grafen Montgomery, zum Gegner. Dessen Lanze bohrte sich durch das

*) Die Übersetzung stammt aus einem Buch des Parapsychologen Hans Bender.

König Heinrich II. von Frankreich: Nostradamus hat seinen Tod und auch die Todesursache vorausgesehen. Selbstverständlich warnte er den König vor, der davon aber nichts hielt und infolgedessen genauso starb, wie es ihm vorausgesagt worden war.

vergoldete Visier des königlichen Helms tief in dessen rechtes Auge, woran er am 10. Juli starb. Das, so die Interpreten, sei der erste Bruch am Baum der königlichen Valois-Familie gewesen, der zweite sei die Ermordung Heinrichs III. durch Jacques Clément gewesen.« (Bender II, S. 43)

Da sich die meisten Voraussagen von Nostradamus auf Personen und Ereignisse der französischen Geschichte beziehen, ist in den Texten nicht sehr viel über die Habsburger herauszufinden. Von den wenigen Prophezeiungen, die sich auf die Kaiserdynastie beziehen, wurden wiederum nur jene Verse herangezogen, die von den meisten Übersetzern und Interpreten für dasselbe Ereignis gehalten wurden. Dazu gehört unter anderem der im folgenden wiedergegebene Vierzeiler, in dem vom Verlust ihrer Macht in Spanien die Rede ist, ganz konkret wird der Spanische Erbfolgekrieg angekündigt:

»›*Ein Todesfall veranlaßt Frankreich loszumarschieren.*
Die Flotte kommt übers Meer, die Armee überquert die
Pyrenäen.
In Spanien herrscht Verwirrung. Das Heer setzt sich in
Bewegung.
Die vornehmsten Damen werden nach Frankreich entführt.‹*)

... Nach dem Tod Karls II. erhoben sowohl Österreich als auch Frankreich Anspruch auf den spanischen Thron. Auch England mischte sich ein, um eine Vormachtstellung der einen oder anderen Partei zu verhindern (das erklärt die Anreise der Heere aller beteiligten Nationen – über das Meer und über die Pyrenäen) ... Zwei spanische Prinzessinnen heirateten nach Frankreich. Eine wurde die Frau Ludwigs XII., die zweite die Frau Ludwigs XIV.« (IV. Centurie, 2. Vers aus: Allgeier, S. 188)

Um diesen Vers genau deuten zu können, ist ein kurzer Einschub über die damaligen historischen Gegebenheiten vonnöten. Die Habsburger, die seit dem 13. Jahrhundert ihre österreichischen Erbländer und das römisch-deutsche Reich als Kaiser beinahe ohne Unterbrechung regiert hatten, herrschten seit Beginn des 16. Jahrhunderts auch als Könige von Spanien. Um die Familienbande – und wohl auch die dortige junge Macht zu festigen – haben sie sich während der beinahe 200 Jahre ihrer Regentschaft hauptsächlich mit den

*) Bei N. Centurio lautet die Übersetzung sehr ähnlich: »Durch einen Todesfall veranlaßt, wird sich Frankreich eine Reise vornehmen, die Flotte fährt über das Meer, die Truppen marschieren über das Pyrenäengebirge. Spanien gerät in Unruhe, es setzt die militärischen Streitkräfte in Marsch: Das geschieht deshalb, weil die höchsten Damen eine Ehe in Frankreich eingehen.« (ders., S. 88) – Zuletzt zum Vergleich die altfranzösische Originalfassung: »Par mort la France prendra voyage à faire, classe par mer, marcher monts Pyrenées, Espaigne en trouble, marcher gent militaire: des plus grands Dames en France emmenées.«

eigenen Verwandten verheiratet. In jeder Generation kamen zwei Ehen zwischen österreichischen und spanischen Habsburgern zustande. Bis sich die königliche Familie von Frankreich in das »Verbindungsspiel« einmischte und immer häufiger nach Spanien heiratete. In der letzten Generation war es verhängnisvollerweise sogar zu mehr Ehen zwischen spanischen Habsburgern und Bourbonen aus Frankreich gekommen als zwischen den Habsburgern selbst: Nur eine Tochter König Philipps IV. von Spanien war mit einem Habsburger, Kaiser Leopold I., verheiratet, eine zweite erwachsen gewordene Tochter sowie der einzige Sohn und Erbe, Don Carlos, hatten sich mit französischen Bourbonen verbunden. So ist es also nicht weiter verwunderlich, daß nach dem Aussterben der männlichen Linie in Spanien*) neben den Österreichern auch die Franzosen ihren Anspruch auf den frei gewordenen Thron erhoben. Im Zuge des folgenden Spanischen Erbfolgekriegs, den die Franzosen zu ihren Gunsten entscheiden konnten, verloren die Habsburger den dortigen Thron. Ein Sohn des damaligen Dauphin (Erbprinzen) von Frankreich wurde als Philipp V. erster König von Spanien aus dem Geschlecht der Bourbonen.

Merkwürdig hört sich jene Zeile der Prophezeiung an, in der von der »Entführung der vornehmsten Damen nach Frankreich« die Rede ist. Diese Wendung stammt auch nicht von Nostradamus, sondern aus einer der zahlreichen späteren Übersetzungen ins Deutsche. Die originale französische Version heißt in der Kurzform des Autors »des plus grands Dames en France emmenées«, was eigentlich nicht mehr bedeutet, als daß »die höchsten Damen nach Frankreich

*) Don Carlos, der spätere König Karl II./Carlos II., hatte keinen Erben hinterlassen.

Der von den Habsburgern eingesetzte »König Karl III.« konnte in Spanien seine Ansprüche gegen den bourbonischen Gegenkönig Philipp V. nicht behaupten. Als 1705 in Wien sein älterer Bruder Kaiser Joseph I. ohne männliche Nachkommen starb, übernahm er dessen Amt und wurde als Karl VI. der letzte römisch-deutsche Kaiser aus dem Geschlecht der Habsburger (4. Statue von re., Kaisersaal in Schloß Laxenburg).

weggeführt oder *weggebracht*« werden. Bleibt zuletzt noch, die Deutung derselben Prophezeiung in einer anderen Übersetzung zu klären. Denn Kurt Allgeiers Fassung »Zwei spanische Prinzessinnen heirateten nach Frankreich. Eine wurde die Frau Ludwigs XII., die zweite die Frau Ludwigs XIV.« ist in mehrfacher Hinsicht nicht richtig (einmal davon abgesehen, daß König Ludwig XII. in keiner seiner drei Ehen mit einer spanischen Habsburgerin verheiratet war). Denn zwischen den Mitgliedern der königlichen Familien von Spanien und von Frankreich waren auch schon früher, also vor Beginn des Erbfolgekriegs, etliche Verbindungen zustandegekommen. Also wurde wieder einmal falsch übersetzt. Denn im französischen Original ist ohnehin nur vom Wegführen »der höchsten Damen« die Rede, Nostradamus hat gar nicht erwähnt, wie viele das sein würden.

Vor etwas mehr als zehn Jahren hat ein deutscher Fernsehsender eine Dokumentation über das Leben von Nostradamus ausgestrahlt, worin man »eine Reihe von Quatrains*) mit ihren zugeordneten historischen Vorgängen (illustrierte). So den Vierzeiler IX, 20, der auf den Flucht-Irrweg von Louis XVI. bezogen werden kann. Die ›Gazette Nationale‹ vom 14.6.1791 berichtete, ›die Flucht des Königspaares ein Irrweg: hätte der König den Weg nach Verdun eingeschlagen, statt nach Varennes, so wäre die Flucht gelungen. Die Königin trug ein weißes Kleid, der König war in Grau gekleidet.‹ Nostradamus hatte über 200 Jahre davor gesehen: ›Nachts werden durch die Pforte der Königin**) zwei Ehegatten auf einen Irrweg kommen, die Königin, der weiße Edelstein. Der König ist in Grau gekleidet; sie betreten Varennes.‹ Der Schluß der letzten Zeile***) soll mit den

---

*) Damit sind die einzelnen Prophezeiungen gemeint, die Nostradamus in »Quatrains«, also zu »Vierzeilern«, zusammenfaßte.

**) Die bei Hans Bender zitierte Textstelle stammt aus dem Buch von Centurio. Im folgenden wird zum Vergleich auch der ins Deutsche übersetzte Text von Kurt Allgeier angeführt. In seinem Buch »Die Prophezeiungen des Nostradamus« befinden sich französische Originaltexte und ihre Übersetzungen nebeneinander, damit der Leser sie vergleichen und sich selbst ein Urteil bilden kann. Allgeiers Übersetzung lautet: »Nachts kommen durch den Wald von Reims (›par la forest de Reines‹) zwei unglückliche Partner: die Königin in Weiß (eigentlich: ›la pierre blanche‹, also der ›weiße Stein‹) und der Mönchkönig in Grau nach Varennes.« – Zum Vergleich das altfranzösische, nicht einfach verständliche Original: »De nuict viendra par la forest de Reines deux pars vaultore Herne la pierre blanche, le moine noire en gris dedans Varennes. Esleu cap, cause tempeste, feu sang tranche.«

***) Die letzte Zeile wird in Hans Benders Text nur gedeutet und nicht wörtlich zitiert (Centurio schrieb: »Die Wahl des Capetingers ist die Ursache für

Erzherzogin Marie Antoinette, Tochter Kaiserin Maria Theresias und Ehefrau König Ludwigs XVI. von Frankreich. Nostradamus hat über 200 Jahre vor dem tatsächlichen Eintreffen die Flucht des Königspaares vorausgesagt.

Worten ›sang-tranche‹ auf das Hackbeil der Guillotine anspielen.« (Bender II, S. 45)

Was hat dieser Vierzeiler über den König von Frankreich nun aber in unserem Buch über die Habsburger zu suchen? Das ist einfach zu beantworten. Denn die mitflüchtende Ehefrau von König Louis/Ludwig XVI. war Erzherzogin Marie Antoinette, eine Tochter Kaiserin Maria Theresias. Über sie wurde schon im ersten Kapitel bei den Erscheinungen im Park von Versailles gesprochen. Marie Antoinette und ihr Ehemann wurden die zwei prominentesten Opfer

Sturm, Feuer, Blut und Hackmesser«. In der Übersetzung von Allgeier lautet die Zeile: »Der erwählte Capetinger wird zum Auslöser für Sturm, Feuer, Blut, Guillotine (›feu, sang, tranche‹).«

der Französischen Revolution und schließlich sogar beide guillotiniert. Um diesem Schicksal zu entgehen, hatte das Paar im Jahr 1791 einen Fluchtversuch unternommen. Gemeinsam mit den Kindern und zwei Gefolgsleuten entkamen sie in zwei Kutschen bis Varennes, wo sie aber ein Wachebeamter erkannte und festnahm. Ludwig XVI. wurde zwei Jahre später enthauptet, Marie Antoinette wenige Monate nach ihrem Ehemann. Die beiden Kinder des Paares, der Sohn Ludwig (nach dem Tod seines Vaters wurde er nominell als König Ludwig XVII. geführt) und die Tochter Marie Thérèse überlebten das Massaker. Zunächst. Denn Ludwig wurde von den neuen Machthabern von seiner Familie getrennt und zu einem Schuster in die Lehre gegeben. Er mußte sich fortan »Bürger Capet« nennen. Da er in der Familie seines Lehrmeisters schlecht behandelt wurde und nur wenig zu essen erhielt, starb er bald an körperlicher Unterversorgung. Er wurde nur zehn Jahre alt*). Die Tochter des Königspaares überlebte als einzige die Französische Revolution. Sie heiratete 1799 einen direkten Vetter, Herzog Ludwig von Angoulême, und verbrachte ihr Leben gemeinsam mit ihm im Exil in Österreich. Sie starb 1844 im Alter von 66 Jahren.

Bleibt zuletzt jene Voraussagung von Nostradamus, die sich zwar abermals auf einen Herrscher von Frankreich bezieht, die aber auch dessen Ehefrau, eine Habsburger Erzherzogin, miteinschließt: »›Kein französischer König hat je einen solchen Namen getragen. Niemals hat es einen schlim-

*) Ludwig, der als besonders sanftes und feinfühliges Kind beschrieben wurde, schied friedlich von dieser Welt. Als er den Tod nahen fühlte, verabschiedete er sich mit den Worten: »Ich leide jetzt sehr viel weniger ... Die Musik ist so wundervoll ... Hört, hört, unter all diesen Stimmen erkenne ich die meiner Mutter«. (zit. in: Ingrisch, S. 32)

meren Donner gegeben. Italien, Spanien und England werden zittern. Der ausländischen Dame schenkt er großes Interesse*)‹ … Der Vers schließt an … (einen früheren) an. Auch dort ist die Rede vom schlimmen Namen, der eigentlich schon alles aussagt: Napoleon. Der Rest ist klar. Die ›Femme estrange‹ (= fremde/ausländische Dame) – es klingt ähnlich wie Österreich, Autriche, und das ist sicherlich beabsichtigt – verweist auf seine Heirat mit der Kaisertochter Marie-Luise …«**) (IV. Centurie, 54. Vers aus: Allgeier, S. 214).

Bei dieser Prophezeiung bedarf es kaum einer Erklärung. Die Zeile »Kein französischer König hat je einen solchen Namen getragen« ist einleuchtend und bezieht sich nicht nur auf den ungewöhnlichen Vornamen »Napoleon«, sondern natürlich auch auf den Wechsel des Geschlechternamens. Denn mit dem Aufstieg Napoleons war die Herrschaft der Bourbonen in Frankreich – zumindest für einige Zeit – gebrochen. Zu den »erzitternden Italienern, Spaniern und Engländern« ist nichts hinzuzufügen. Bleibt zuletzt die

---

*) Im französischen Original heißt es »Iamais ne fut un foudre si craintif … de femme estranger grandement attentif«. Das bedeutet, daß niemals ein Schlag so »furchtbar« oder »gewaltig« war, wobei sich der »foudre« (»Schlag«) meines Erachtens auf den nachfolgenden Satz bezieht. Denn im Französischen heißt »coup de foudre« »Blitz«, »Donnerschlag« und »Liebe auf den ersten Blick«. Damit könnte also auf die innig empfundene Liebe Napoleons zu Marie Luise angespielt werden. Infolgedessen würde ich die letzte Zeile auch mehr dahingehend übersetzen, daß »nie jemand einer fremden Frau mehr Aufmerksamkeit entgegenbrachte«.

**) Zum Vergleich wieder der deutsche Text von Centurio: »Vor dem Namen, den noch niemals ein französischer König trug, – nie war ein Blitz so furchtbar – zittern Italien, Spanien und die Engländer. Nach der Habsburgerin ist er sehr begierig.« (ders., S. 101) Das vollständige altfranzösische Original lautet: »Du nom qui oncques ne fut au Roy Gaulois, iamais ne fut un foudre si craintif, tremblant l'Italie, l'Espaigne & les Anglois, de femme estrangers grandemant attentif.«

Bemerkung über die »Aufmerksamkeit, die er einer fremden Frau schenkt«, denn sie bedeutet meines Erachtens mehr als nur die vorausgesagte politische Wende. Wenn innerhalb eines »Quatrain« ein ganzes Viertel Gewicht (also eine von vier Zeilen) auf die aufmerksame Liebe Napoleons zu Erzherzogin Marie Luise gelegt wird, dann wollte Nostradamus sie offensichtlich auch betont wissen. Und das läßt einen schon über die Genauigkeit und Richtigkeit dieser Prophezeiung staunen. Denn diese (zweite) Ehe hat im Leben des »Kaisers der Franzosen« tatsächlich einen viel größeren Stellenwert eingenommen, als ihr die Historiker je beigemessen haben. Vermutlich hätte Napoleon dieser Liebe sogar seine politische Karriere geopfert. Auf jeden Fall war er Marie Luise ein treuer, zuvorkommender, aufmerksamer und unendlich liebender Ehemann, was er ihr mehrmals beweisen konnte. Unter anderem vor der Geburt des gemeinsamen Sohnes. Als ihm die Ärzte mitteilten, daß man mit Komplikationen rechnen und entweder die Mutter oder das Neugeborene opfern müsse, entschied sich Napoleon ohne zu zögern für das Leben seiner Frau*). Und das, obwohl er sich jahrelang nichts sehnlicher als ein Kind gewünscht hatte**). Das war damals – selbst wenn man es gerne glauben möchte – alles andere als ein selbstverständlicher Entschluß.

---

*) Er wurde für die Entscheidung belohnt, denn auch der gemeinsame Sohn überlebte die schwere Geburt. Dieses Kind, das in der Zählung als Napoleon II. geführt wird, erhob sein Vater noch als Säugling zum König von Rom. Nach der Exilierung Napoleons I. wurde sein Sohn an den Wiener Hof gebracht. Dort nannte man ihn nach seinem Großvater Franz und verlieh ihm den Titel eines Herzogs von Reichstadt.

**) Die Kinderlosigkeit seiner ersten Ehe hatte Napoleon zum Anlaß genommen, sich von Joséphine de Beauharnais scheiden zu lassen.

Marie Louise, Tochter Kaiser Franz II./I. von Österreich und zweite Ehefrau Kaiser Napoleons I. Sie war die große Liebe des unberechenbaren Kriegsherren, der ihr – gegen alle Erwartungen – ein sanftmütiger, aufmerksamer und unendlich liebevoller Ehemann war.

Denn ein Ehemann im fortgeschrittenen Alter*), der um das Weiterbestehen seiner Familie bangte, konnte sich sehr wohl für das Leben des Kindes entscheiden.

Napoleons Beschluß rührte Marie Luise damals sehr. Noch am dritten Geburtstag des gemeinsamen Sohnes erinnerte sie sich daran und schrieb in einem Brief an ihren Mann: »Ich habe heute viel an Dich gedacht … (und an den Tag der Geburt, als Du) mir so ergreifende Beweise Deiner Liebe (gabst), daß ich niemals daran zurückdenken kann, ohne zu Tränen gerührt zu sein …« (Brief aus Paris vom 20.

*) Napoleon war zum Zeitpunkt seiner zweiten Eheschließung 41 Jahre alt. Das war für damalige Verhältnisse ein für einen Mann zumindest deshalb so hohes Alter, weil man nicht mehr mit zahlreicher Nachkommenschaft rechnen konnte.

März 1814). Bald hat Marie Luise dieses großzügige Geschenk dann aber doch vergessen. Schließlich erlosch mit dem politischen Abstieg des Ehemannes ihre Zuneigung sogar ganz. Napoleons Liebe zu seiner Frau währte aber bis an sein Lebensende. Sie hatte alle Jahre, die er einsam im Exil verbrachte, überdauert. Er wäre ziemlich enttäuscht gewesen, wenn er erfahren hätte, wie bald sie ihn durch Liebhaber ersetzte. Schließlich hat sie sogar noch zu seinen Lebzeiten zwei Kinder von ihrem Geliebten, Graf Adam Neipperg, zur Welt gebracht. Den gemeinsamen Sohn Napoleon II., der ihr ein lästiges Anhängsel geworden war, hatte sie ihrem Vater, Kaiser Franz II./I., zur Erziehung überlassen. Das kurze und wenig glückliche Leben Napoleons II. endete im Jahr 1832. Bis dahin hatte man ihn in einer Art Geiselhaft gehalten und sich eifrig bemüht, ihn allen französischen Einflüssen zu entziehen. Seinem Vater, der ihn liebte, durfte er nie mehr begegnen. Seine Mutter hat er nur noch wenige Male gesehen.

5.
Die spiritistischen Experimente von Erzherzog Johann Salvator

Von Erzherzogin Marie Luise, Kaiserin der Franzosen, ist es in der Habsburger Genealogie nur ein kleiner Sprung zu Erzherzog Johann Salvator: Er war ihr Neffe zweiten Grades, Sohn ihres Vetters, des Großherzogs Leopold II. von Toskana. Während erstere aber nur wegen einer jahrhundertealten Prophezeiung in diesem Buch Erwähnung fand, zählte letzterer immerhin zu den aktiven Spiritisten der Familie. Das hing aber weniger mit einer besonderen Begabung zusammen, sondern läßt sich hauptsächlich auf eine Zeiterscheinung des 19. Jahrhunderts zurückführen. Damals war das Kontaktherstellen mit der außersinnlichen Welt in den oberen Gesellschaftsschichten Europas plötzlich »Mode« geworden und fand auch unter den Mitgliedern der österreichischen Kaiserfamilie zahlreiche Anhänger. Das bedeutet allerdings nicht, daß die Habsburger erst in dieser Epoche spiritistisch tätig wurden. Denn schon der im 18. Jahrhundert lebende Kaiser Franz I. Stephan, Ehemann Kaiserin Maria Theresias, hat eifrig experimentiert. Allerdings war ihm bei seinen Unternehmungen meist wenig Glück beschieden, da sich viele seiner Lehrmeister als Betrüger herausstellten und meist nur daran interessiert waren, ihm möglichst viel Geld abzunehmen.

Richtig populär ist der Spiritismus dann im fortschreitenden 19. Jahrhundert geworden. Von England kommend, erfaßte die Welle bald den Kontinent, wo in aristokratischen und großbürgerlichen Häusern und sogar im kaiser-

Der im 18. Jahrhundert lebende Kaiser Franz I., Ehemann Kaiserin Maria Theresias, war einer der ersten spiritistisch experimentierenden Habsburger.

lichen Haushalt die ersten Zirkel abgehalten wurden. Bei den Interessierten ganz vorne dabei: Erzherzog Johann Salvator, ein Sohn Großherzog Leopolds II. von Toskana und Vetter Kaiser Franz Josephs, Kaiserin Elisabeth, ihr Sohn Kronprinz Rudolf und die Enkelin Erzherzogin Elisabeth (spätere Prinzessin Windisch-Graetz). Man kann sich gut vorstellen, daß diese Experimente damals sehr umstritten waren und daß es der gute Ton geboten hätte, nicht daran teilzunehmen oder, wenn man es schon tat, zumindest darüber zu schweigen. Letzteres wünschte sich sicherlich der Habsburger Familienchef, Kaiser Franz Joseph, der für solche Unterhaltungen wenig übrig hatte. Daß Erzherzog Johann Salvator in der Öffentlichkeit mit seinen Erlebnissen auch noch laut protzte, wird das ohnehin schwierige Verhältnis zwischen den beiden Männern nicht verbessert haben. Johann Salvator hat nämlich unter dem Vorwand, ein bestimmtes Medium des Betrugs zu überführen, ein Buch über spiritistische Sitzungen verfaßt, das er sogar unter seinem eigenen Namen herausgab. Doch darüber später. Denn zunächst soll auf die Person des Erzherzogs eingegangen werden, um die Beweggründe vieler seiner Taten verständlicher zu machen.

Johann Salvator stammte zwar – wie früher erwähnt – aus dem einstig unabhängigen Habsburger Zweig der Großherzoge von Toskana. Doch wurde die Familie im Zug der Vereinigung Italiens im Jahr 1859 abgesetzt und des Landes verwiesen. Damals war der Erzherzog sieben Jahre alt. Als neue Heimat wählte man die österreichisch-ungarische Monarchie, wo der nah verwandte Kaiser den Vertriebenen standesgemäße Unterkünfte in Form von Schlössern und Stadtresidenzen zur Verfügung stellte. Außerdem sagte ihnen Franz Joseph lebenslange finanzielle Unterstützung zu (obwohl die Exil-Toskaner alles andere als arm waren, da sie von den neuen Machthabern in Italien eine enorm hohe Abfindung erhalten hatten). Trotz der verlorengegangenen Macht – oder vielleicht gerade deshalb – wollten sich diese Habsburger auch auf österreichischem Boden nicht von ihrem feudalherrschaftlichen Lebenswandel trennen. Mit einem riesigen Stab an Gefolgsleuten und Dienerschaft hielten sie zunächst in der Salzburger Residenz Hof. Und zwar ohne Rücksicht darauf, wieviel Geld das verschlang und auch ohne Rücksicht auf den Kaiser, der den Hauptteil davon finanzierte. Aus vermutlich demselben Grund, der nicht mehr vorhandenen Macht, legten die Mitglieder dieses Zweigs stets großen Wert auf reges Gesellschaftsleben. Viele von ihnen machten dabei durch besonders exzentrisches Verhalten auf sich aufmerksam. Sie forderten Skandale herauf und erlangten als schwarze Schafe der Familie zweifelhafte Berühmtheit: allen voran die Kinder und Enkel des abgesetzten Großherzogs Leopold II. Zwei seiner Söhne wurden nach heutigem Sprachgebrauch »Aussteiger«, die Enkel trieben es noch wilder. Sie heirateten, betrogen sich, zeugten uneheliche Kinder und ließen sich – was damals sehr unstatthaft war – auch häufig wieder scheiden. Einer der Enkel Leopolds ging sogar zwei Ehen mit Prostituierten ein. Die Folge all dieser gesellschaftlichen Ausschweifungen war, daß viele der »Toskanas« aus der Familie ausgeschlossen*) wurden. Wohl um sich dafür zu rächen und um die Öffentlichkeit über ihre Abenteuer auf dem laufenden zu halten, veröffentlichten sie ihre Erlebnisse in Büchern oder tratschten sie der Presse weiter. Das gab auch schon damals Schlagzeilen auf den vordersten Seiten.

Welchen Beitrag hat nun Erzherzog Johann Salvator zu diesem eigenwilligen Kapitel Familiengeschichte geleistet? – Einen bedeutenden. Denn von allen genannten Möglichkeiten, sich unbeliebt zu machen, hat er kaum eine ausgelassen: Er war einer der beiden frühen Aussteiger, er hatte sich heimlich mit einer Hofoperntänzerin verheiratet und wurde infolgedessen aus dem Familienverband ausgeschlossen. Aber auch schon, bevor er mit seinem Privatleben für Skandale sorgte, machte er durch andere Husarenstücke auf sich aufmerksam. Als Berufssoldat hatte Johann Salvator »hinter dem Rücken« seines Vetters und Familienchefs eine Reform

---

*) Wer sich ohne Einwilligung Kaiser Franz Josephs mit standesgemäß nicht anerkannten Personen verband, wurde aus der Familie ausgeschlossen. Das bedeutete, daß er in Hinkunft auf alle Titel und eine sehr großzügig bemessene Apanage verzichten mußte. Meist mußte der Betroffene sogar das Land verlassen. Zu diesen aus der Familie Ausgeschiedenen gehörte auch Erzherzog Johann Salvator, der sich als Bürgerlicher Johann Orth nannte.

Erzherzog Johann Salvator (li. stehend) im Kreis seiner drei Brüder. Wie sein Bruder Ludwig Salvator (re. stehend) war er ein früher »Aussteiger«, Herausgeber von skandalerregenden Schriften und zudem unstandesgemäß verheiratet.

des Militärwesens erarbeitet*), die er anonym in einer Zeitschrift abdrucken ließ. Da diese in mehreren Folgen veröffentlichten Artikel Kritik am politischen System beinhalteten und sich damit auch gegen den obersten Befehlhaber, Franz Joseph, richteten, kann man sich gut vorstellen, mit welcher Begeisterung er die Veröffentlichung aufnahm. Die Freude war sicherlich grenzenlos, als der Urheber ausgeforscht war und der Kaiser den Petzer unter seinen eigenen Verwandten finden mußte.

Doch damit noch nicht genug. Erzherzog Johann, der seine Freude am Aufdecken noch lange nicht verloren hatte, wandte sich bald einem anderen »heißen Thema« zu. Ein Jahr nach Veröffentlichung der Militärreform trat er mit dem früher erwähnten Werk über Spiritismus an die Öffentlichkeit. Obwohl er an paranormale Phänomene glaubte und öfters an spiritistischen Sitzungen teilnahm, spielte er sich darin als Kritiker und Zweifler auf. Vor allem ging es ihm darum, ein bestimmtes Medium**) des Betrugs zu überführen. Sein hauptsächlicher Beweggrund dafür war, sich mit dieser Aufdeckarbeit beim Kaiser einzuschmeicheln, der den Spiritismus ohnehin für eine verzichtbare Wissenschaft hielt. Andererseits hätte er wohl auch gerne erfahren, daß man zur außersinnlichen Welt keinen Kontakt herstellen konnte. Daß er dabei eines Besseren belehrt wurde, ist vielleicht der witzigste Nebeneffekt der Geschichte.

---

*) Etwas Ähnliches – möglicherweise ist es die Sammlung all dieser Artikel – erschien 1883 unter dem Namen des Erzherzogs in Buchform und trug den herausfordernden Titel »Drill oder Erziehung?«.

**) Übersetzt bedeutet das Wort »Mittler«, womit also ein Vermittler zwischen der diesseitigen und jenseitigen Welt gemeint ist. In der Parapsychologie versteht man darunter aber auch Leute, die paranormale Phänomene hervorrufen können.

Nachdem Erzherzog Johann Salvator Kontakt mit einem der bedeutendsten Parapsychologen seiner Zeit hergestellt hatte, veranstaltete er im Februar 1884 eine erste Séance*) in »*seiner* Wohnung in der Hofburg«**). Es »*erschienen auf meine Bitte Kronprinz Erzherzog Rudolf, Erzherzog Eugen, Hofrat Dr. Widerhofer, Regierungsrath Ritter von Weilen, Oberstlieutenant Graf Wurmbrand, Rittmeister Baron Schrenk, Rittmeister Bauer und … Baron Hellenbach.*« (Erzherzog Johann, S. 17) Die Aufzählung der am Experiment teilnehmenden Personen ist dabei zumindest so aufschlußreich wie der gesamte Hintergrund des Unternehmens und die Bemerkung über »seine« Wohnung in der Hofburg. Denn Erzherzog Johann hat sich dabei der Gesellschaft zweier der höchstrangigen Familienmitglieder und dem Kaiser nahestehender Personen versichert: Neben Kronprinz Rudolf, seinem Sohn und dem vermeintlichen nächsten Kaiser des Reiches, waren Erzherzog Eugen, der Großmeister des Deutschen Ordens, sowie der Leibarzt Kaiser Franz Josephs und dessen Familie zu dem Versuch geladen. Der zuletzt genannte Baron Hellenbach war einer der bedeutendsten Wissenschaftler seiner Zeit, der sich mit dem Spiritismus beschäftigte. Er hatte mehrere Schriften über seine persönlichen Erfahrungen bei Sitzungen und über die bedeutendsten Medien veröffentlicht.

---

*) Bezeichnung für eine Sitzung, in der durch ein Medium Kontakt mit dem Jenseits hergestellt werden soll.

**) »*Seine* Wohnung in der Hofburg« ist eine ganz typische Bemerkung für diesen von so vielen Komplexen überhäuften Erzherzog. Damit wollte er die große Nähe zum kaiserlichen Zweig der Familie andeuten, mit dem er das Wohnschloß teilte. Das stimmte aber nicht und wäre auch gar nicht möglich gewesen, da ja sonst noch etliche andere der damals lebenden Habsburger diesen Anspruch angemeldet hätten. So wird mit »seiner Wohnung in der Hofburg« eines der Gästeappartements gemeint sein, die aber jeweils von mehreren Mitgliedern eines Familienzweigs und auch nicht ständig bewohnt wurden.

Innerer Burghof: Die Wohnung des Toskana-Zweigs der Familie diente im 19. Jahrhundert als spiritistische Experimentierstube. Erzherzog Johann Salvator hat hier gemeinsam mit Habsburger Vettern »mediumistische Séancen« abgehalten.

Anfang des Jahres 1884 fand die erste Séance mit jenem Medium statt, das Erzherzog Johann öffentlich der Gaunerei überführen wollte. Diese Sitzung wurde wie die beiden folgenden in zwei Teilen abgehalten. Dafür hatten zunächst die Vorhänge geschlossen zu werden. Dann wurden die Teilnehmer, die den sogenannten Zirkel bildeten, gebeten, in einer Runde Platz zu nehmen und sich bei den Händen zu fassen. Und zwar derart, »*daß die linke Hand jeweilig auf dem Gelenke der rechten Hand und mit dieser auf dem rechten Knie des Nachbars zu liegen kam. Wir bekamen noch freundliche Ermahnungen seitens des Baron Hellenbach, ja genau die Anweisung zu befolgen, denn dadurch bildete sich die Kette, die Batterie; das Medium einerseits und der Zirkel andererseits bilden zwei magnetische Pole.*« (Erzherzog Johann, S. 18)

Während der Vorbereitungszeit durfte nur eine Kerze brennen, die schließlich ausgelöscht wurde, um die vom Medium erbetene völlige Dunkelheit zu erreichen. »*Die nur durch den schläfrigen Rhythmus von Bastian's*) Händen ausgefüllte Stille wird zunächst durch ein erzitterndes Einathmen des Mediums unterbrochen, dem ein langes starkes Aushauchen folgt … ›Jetzt wird der Spuck* (sic) *angehen,‹ sagte ich zu mir und kaum gedacht, beginnt zunächst kalte Luft Hände und Gesicht zu streifen. – Plötzlich wird an meiner Glasröhre angezogen* (die hatte der Erzherzog zu halten bekommen); *ich will die Kraft der Geister erproben und lasse sie nicht los …* (er gibt dann aber doch nach, woraufhin die Röhre) *in raschen Schwingungen innerhalb des Kreises umherglitzert. – Nun läßt die Spieluhr ihre schnellen Weisen ertönen; der Deckel klappt auf und zu. – Einige Accorde der Guitarre* (sic) *melden das Erwachen auch dieses Instrumentes. Ich werde von Geisterfingern an Händen und Füßen berührt; durch die auf meinem Handgelenke ruhende Hand des Nachbars fühle ich ähnliche trommelnde Berührungen … die unsichtbaren Kräfte werden immer lebendiger und treiben immer toller ihren Spuck. Die Guitarre scheint sich jetzt zu erheben und ober uns zu fliegen; plötzlich fällt sie zu meinen Füßen. Neuerdings wieder aufsteigend, schwebt sie unter leisen Klängen eine zeitlang an einer Stelle in der Luft, bis spöttische Geister damit einen der Anwesenden auf den Kopf schlagen … die gewichtige Spieluhr erhebt sich der Schwerkraft zu Trotz und beschreibt ihre an der Klangfarbe des Spieles und an der Luftströmung zu erkennenden Bahnen zwischen und über uns.*« (ders., S. 19f.)

Dann eine plötzliche Unterbrechung des Spuks: »*Der Kronprinz, dem es hauptsächlich um die Erscheinung ganzer*

---

*) Bastian war der Nachname des im Elsaß geborenen Mediums.

Gestalten zu thun war, fragt, ob es sich nicht empfehlen dürfte, die Dunkelsitzung abzuschließen, damit das Medium nicht zu viel Kraft für die Materialisation)* (den angekündigten zweiten Teil der Sitzung) *einbüße.«* (ders., S. 20) Mit der unerwarteten Zwischenfrage findet die Veranstaltung ein abruptes Ende. Nur *»Bastian sitzt noch immer ruhig und schläfrig mitten im Kreise in unverändertem Takte in seine Hände klatschend; und da lagen auch stumm und still alle Instrumente, mit denen kurz vorher ein förmlicher Hexensabbath sein Spiel getrieben.«* (ders., S. 21)

Nach dem Umbau für den zweiten Teil der Séance – dabei werden die Stühle anders gruppiert und die Szene diesmal aus einem Nebenraum beleuchtet – müssen sich die Teilnehmer wieder an den Händen halten, *»um die Batterie herzustellen«*. Nach einiger Wartezeit vernehmen alle ein leises Knistern und Krachen. Der Vorhang, der den Raum der Sitzenden mit dem Zimmer, aus dem das Licht kommt, trennt, bewegt sich. Schließlich hebt er sich, und *»die erste Gestalt erscheint! – Wer ist es? Merkwürdig genug, Herr Bastian selbst im Salonanzug, unzweifelhaft zu erkennen. Der Vorhang schließt sich; erneuertes Krachen; wieder erscheint Herr Bastian; doch nein! Diesmal ist das Gesicht ein ganz anderes; es ist ein volles, bartloses Gesicht. Nach einer etwas längeren Pause erscheint eine weibliche Gestalt in Weiß; dann ein kleines, aber nicht schmächtiges Mädchen in Weiß, dann eine ungewöhnlich große Gestalt wieder in Weiß, deren Geschlecht mir nicht erkenntlich ist; dann abermals eine weibliche Erscheinung in Weiß, ähnlich der Ersten; endlich eine graue, verschwommene*

---

*) Unter Materialisation versteht man Nachbildungen von Körperteilen oder Körpern aus Ektoplasma. Das ist eine gazeartige, feine Substanz, die von Medien während einer Sitzung produziert werden kann.

»Visitenkarte« eines zeitgenössischen Geistersehers mit »weißer, materialisierter Gestalt« (Fotomontage; die Aufnahme stammt aus der Fotosammlung Erzherzog Ludwigs, des jüngsten Bruders von Kaiser Franz Joseph).

Gestalt, die sich einmal rechts und einmal links des Vorhanges zeigt ...« (ders., S. 24). Abermals erfährt die Sitzung eine Unterbrechung durch den Thronfolger. Kronprinz Rudolf *»steht ... auf, Erzherzog Eugen folgt seinem Beispiele. Baron Hellenbach beschließt das Accompagnement. Beide Erzherzoge schreiten rasch dem Vorhange zu, heben ihn und – man sieht Bastian auf dem Stuhle zurückgelehnt im Schlafe.«* (ebenda)

Kronprinz Rudolf und Erzherzog Eugen, die es offensichtlich noch eiliger hatten als ihr Vetter, wollten Bastian mit dem überraschenden Angriff als verkleidete »materialisierte Gestalt« bloßstellen. Da das aber mißlang, mußten weitere Sitzungen vereinbart und ein trickreicheres Vorgehen vorbereitet werden. Bastian wurde noch zweimal geladen. Nach Absprache mit den Teilnehmern mußte die darauffolgende Séance in aller Ruhe und Harmonie ablaufen.

Niemand durfte unterbrechen, niemand sollte eine überstürzte Handlung setzen. Das Medium sollte sich in vollkommener Sicherheit wiegen. So geschah es dann auch, woraufhin nach einer Pause von ein paar Wochen eine dritte Sitzung vereinbart wurde. Diesmal wollte der Erzherzog zuschlagen. Er ließ die Türe, durch die die »materialisierten« Gestalten immer traten, so vorbereiten, daß er sie zum gegebenen Zeitpunkt mit einer langen Schnur zuschnappen lassen konnte. Auf diese Weise würde die Erscheinung von dem im Nebenzimmer sitzenden Medium zwangsläufig getrennt werden. Oder aber das Medium als »Geist« gefangen und als Betrüger entlarvt sein.

Nachdem während des zweiten Teils der dritten Sitzung ein paar Gestalten erschienen waren, zog Erzherzog Johann an dem bestimmten Strick. »*Die Flügeln der großen und schweren Thüre schlagen wuchtig und polternd hinter dem Geiste zusammen ... Ein Blick nach dem in demselben Moment sich schließenden Vorhange läßt mich erkennen, daß man zunächst die Thüre gewaltsam aufzusprengen versucht. Ich springe auf den Vorhang zu, hinter dem eine von uns abgewendete Gestalt in hastiger Bewegung zu erkennen ist, greife hinein und habe Bastian zwischen meinen Händen. Gleichzeitig ist aber auch der Kronprinz rasch vorgesprungen, hat Bastian von rückwärts gefaßt und zieht die schlotternde Gestalt des entlarvten Mediums aus dem bergenden Vorhange mit den Worten hervor: ›Nun, da ist der Geist!‹...*« (ders., S. 45) Die darauffolgende Untersuchung des Mediums führte aber zu einem überraschenden Ergebnis. Wohl stellte sich heraus, daß Bastian und die letzte Erscheinung ident gewesen sein müssen – er selbst war bei seinem Ergreifen barfuß in Socken –, an Hilfsmaterial wurde bei ihm aber nur ein kleines Stück weißen Stoffes in der Größe eines Taschentuchs gefunden.

Darüber war die Enttäuschung groß, wenn die Erzherzoge Bastian gegenüber nun auch ihren Triumph hatten. Der Ertappte zog schweigend und beschämt seine Schuhe an. »*Einer Ohnmacht jetzt wirklich nahe, wie er da saß und lehnte … mochte der Kronprinz mit ihm Mitleid empfunden haben, denn er trachtete ihn mit den Worten zu beruhigen: ›Es geschieht Ihnen ja nichts!‹ …*« (ders., S. 46)

Ganz so großzügig, wie er es dem Medium versprach, hat sich der Kronprinz dann aber doch nicht verhalten. Das wird Bastian aber sicherlich nie erfahren haben, denn der nur Stunden später von Rudolf veröffentlichte Zeitungsartikel über »Die Geisterfalle« erschien anonym. Wobei der Absatz über das Gefangen-Nehmen des Mediums bei ihm sogar noch dramatischer herausgearbeitet wird als bei Erzherzog Johann: »*Ein rascher Zug* (an der Schnur) *und … man hört zunächst ein Zusammenklappen von zwei schweren Gegenständen aus Holz … Die Geisterfalle ist zugeklappt, der Mechanismus hat seine Schuldigkeit getan … Die Türe mit den guten, starken Federn, sie ist fest geschlossen. Als sie mit heftigem Geräusch zusammenklappte, eilte Bastian auf sie zu. Unmöglich, sie zu öffnen. Gefangen! Er sucht ein Versteck in dem Vorhang … Kein Entrinnen mehr: gefangen! … Er steht da im Ballkostüm* (er trug der hohen Gesellschaft zu Ehren einen Frack), *aber er trägt bloß Socken an den Füßen … die den Schritt unhörbar machen … Was soll man mit dem Menschen beginnen? Er stammelt einige Worte; man sagt ihm, er solle gehen. Der Herr Erzherzog verzichtet darauf, ihn als Betrüger festnehmen zu lassen … Baron Hellenbach hielt einen kurzen Vortrag über den Vorfall, in welchem er den vollkommenen Betrug anerkannte, jedoch zu beweisen versuchte, daß derselbe nichts beweise … Man ließ sich übrigens mit Herrn Baron Hellenbach in keine Diskussion ein …*« (Kronprinz Rudolf, S.

189ff.) Sowohl Bastian als auch Baron Hellenbach waren in dem Artikel namentlich genannt worden, was schließlich für beide unangenehme Folgen zeitigte.

Kronprinz Rudolf hat den Ausgang der Geschichte in einem Brief festgehalten, den er seinem Journalistenfreund Moriz Szeps schickte: »*Heute war der Polizeipräsident bei mir und erfreute sich besonderer Geschwätzigkeit. Zu Ihrer eigenen Unterhaltung muß ich Ihnen einiges aus dieser Unterredung mitteilen. Nach Bastian wurde gleich, als die erste Zeitungsnachricht bekannt wurde, geforscht, um ihn polizeilich zu behandeln; er hatte sich schon salviert* (gerettet) *und ist über Hannover nach London geflohen. Nun wurde Baron Hellenbach in das Polizeipräsidium vorgeladen und einem kurzen Verhöre unterzogen, auch gab man ihm zu verstehen, daß, falls er nochmals dergleichen polizeiwidrige Dinge unternehmen würde, ihm eine unfreiwillige Entfernung von Wien bevorstünde.*« (Brief vom 15. Februar 1884)

Erzherzog Johann wurde mit seiner Aufdeckgeschichte zuletzt auch nicht so glücklich, wie er es sich anfangs erhofft hatte. Denn nach etlichen Wochen Forschungsarbeit war er sich seiner Sache plötzlich nicht mehr so sicher. Je mehr Auskünfte er über Bastian einholte, desto mehr erfuhr er von dessen »mediumistischen« Fähigkeiten, wenn sie mit zunehmendem Alter wohl etwas nachgelassen hatten. Mehrere Fachleute bestätigten dem Erzherzog aber, daß der Mann früher über paranormale Fähigkeiten verfügt hatte. Er scheint sie aber im Laufe der Zeit – wie viele andere Medien – verloren zu haben. Deshalb mußte er sich mit Tricks behelfen (was in diesem Fall die meisten seiner Berufsgenossen machten), um weiterhin von dieser Arbeit leben zu können. Denn einen Rückzug ins bürgerliche Leben hat kaum je einer von ihnen in Erwägung gezogen.

VB Eferding-Grieskirchen
reg.Gen.m.b.H.BLZ 44790

Betrag: – 39,25

Kontonummer EmpfängerIn	BLZ Empfängerbank
36099550000	44790

EmpfängerIn: Andrea Humer, Handelsgewerbe
4721 Altschwendt, Rödham 3

Kontonummer AuftraggeberIn

Verwendungszweck

AuftraggeberIn/EinzahlerIn - Name und Anschrift

SPARKASSE Oberösterreich
27. AUG. 2004
BEZAHLT
122

004

84+

Bitte dieses Feld nicht beschriften und nicht bestempeln!

Kronprinz Rudolf veröffentlichte wenige Stunden nach der spiritistischen Sitzung anonym einen Zeitungsartikel. Darin hat er – gegen sein Versprechen – sowohl das Medium als auch Baron Hellenbach als Urheber des Betrugs genannt, was für beide unangenehme Folgen zeitigte.

Schließlich bekannte Erzherzog Johann in seiner Schrift sogar, daß er an die Kräfte der außersinnlichen Welt glaubte und schon mehrmals an – erfolgreichen – Séancen teilgenommen hatte. *»Diese Thatsachen*) sind unleugbare, ich habe sie selbst beobachtet. Ich habe gesehen, wie Hände in die Erscheinung traten, die Niemandem gehörten, ich habe Geister schwebend gesehen, während das Medium festgebunden, mit versiegelten Knoten dalag. Diese Thatsachen sind nicht zu erschüttern. Es muß ein transcendentales Etwas geben, das die Basis des Menschen ist, und dieses Etwas tritt zu Zeiten in die Erscheinung … Der Schwindel eines Einzelnen kann an diesen Thatsachen nichts ändern.«* (Erzherzog Johann, S. 57)

Baron Hellenbach, der Parapsychologe, der die Séancen mit dem Medium Bastian organisiert hatte, beantwortete die in Buchform erschienen Anschuldigungen Erzherzog Johanns mit einer Gegenschrift. In dieser »Entgegnung auf die Brochure ›Einblicke in den Spiritismus‹« ging es ihm vor allem darum, die Person des Mediums von der Anschuldigung der Betrügerei freizusprechen. Nach seinem Dafürhalten war Bastian vielleicht ein armer Teufel, eines Verbrechens wollte er ihn aber nicht bezichtigt wissen. Hellenbach wies verstärkt darauf hin, wie oft es vorkam, daß Medien im Laufe ihres Lebens die übersinnlichen Kräfte verloren, daß aber auch wesentlich mehr Menschen, als man annahm, in ihrer Kindheit und Jugend über paranormale Fähigkeiten verfügten. Bastian hatte er zum Zeitpunkt der Experimente in der Hofburg schon lange als verläßliches Medium gekannt. Und

*) Damit sind die Erscheinungen gemeint. Erzherzog Johann nannte sie im vorausgegangenen Text »vortranscendentale Thatsachen«. Wobei mit »transcendental« übersinnlich gemeint ist. Was die Vorsilbe »vor-« in diesem Zusammenhang bedeutet, läßt sich nicht so einfach erklären. Vermutlich handelt es sich dabei nur um eine damals geläufige Wendung, eine Art Modewort.

selbst als er später, während der Arbeit an seiner Gegenschrift, neue Informationen über ihn einzog, konnte er nichts Negatives über ihn in Erfahrung bringen. Ein in diesem Zusammenhang an ihn gerichtetes Schreiben zitierte er im laufenden Text.

»*Bastian ist geboren 20. Juni 1843. Die Eltern, arme Elsässer, der Vater Prediger, will von seinem Sohn nichts wissen. Er sieht seine Beschäftigung mit dem Spiritualismus als Teufelswerk an. Die ersten Anzeichen der Mediumität* (sic) *zeigten sich im 12. Jahre, wo er öfter Geistergestalten sah. Als er mit dem Spiritualismus und der Mediumität bekannt wurde, war er Steward auf einem Dampfer, der auf der amerikanischen See fuhr. Manifestationen, welche an Bord vorkamen, manche recht unbequem für ihn, da seine Kojengefährten dadurch belästigt wurden, veranlassten ihn, sich als Medium entwickeln zu lassen, durch Sitzen mit einem Mr. Oekrich in Brooklyn, in dessen Familie er 1868 und 69 lebte. Die ersten Phasen waren automatisches Schreiben, Hellsehen, Trance und endlich physikalische Mediumität und daneben Heilmediumität. 1872 trat die erste Materialisation auf* (das Erscheinen von Gestalten im Trancezustand) … *Seit 1878 ist er allein als Medium gereist … Nach dem Jahr 1878 hat er einen Versuch gemacht, seine Mediumität aufzugeben und in einem kaufmännischen Geschäft zu arbeiten, wurde aber durch ein Gefühl steter Unruhe und allerhand unangenehmer Nervenzufälle veranlasst, seine Mediumität wieder auszunützen. Im Sommer 1880 lernte ich* (der Absender des Briefs an Baron Hellenbach) *ihn in London flüchtig kennen und hatte ihn im Oktober zu einer Reihe von Sitzungen bei mir … Sehr zu seinen Gunsten spricht die Weise, wie damals seine Sitzungen unterbrochen wurden. Er hatte Engagements in Berlin auf 8 Tage, in Paris auf mehrere Wochen, aus Hannover die Bitte, dorthin zu kommen, musste*

Blick auf die Wiener Ringstraße in den 80er-Jahren des 19. Jahrhunderts: Li. außen das Rathaus, in der Bildmitte die Türme der Votivkirche, re. davon das Dach des Burgtheaters. Der Platz in der vorderen Bildmitte befindet sich vor dem Maria Theresien-Denkmal. Der rege Wagenverkehr kommt aus der Hofburg, die man sich ganz re. im verlängerten Bild vorstellen muß.

aber Alles aufgeben, weil, vielleicht in Folge des Verbrauchs seiner Kraft durch eine ganze Reihe Sitzungen … Ruhe für seinen körperlichen Zustand nöthig war. Er war sehr niedergeschlagen über diesen Querstrich … Erst nach zwei Monaten wurde ihm erlaubt, wieder zu sitzen … (in der Folgezeit hielt er sich 1882 in Wien auf, wo er Hellenbach vermutlich das erste Mal traf) *auf der Rückreise …* (blieb er) *drei Wochen bei mir …* (und hatte) *bei einer Sitzung zwei Gestalten zu gleicher Zeit … die in einem Abstand von einem Fuss voneinander herauskamen. Eine davon musste ich daher wenigstens für materialisiert halten, wenn auch die andere vielleicht das transfigurirte* (sic) *Medium war.«* (zit. in: Hellenbach, S. 9f.)

Zum Abschluß ein letzter Ausschnitt aus dem Band von Baron Hellenbach, in dem er über verschiedene Erlebnisse mit anderen Medien, im besonderen aber über Erfahrungen mit außersinnlich begabten Kindern berichtete. »*Eine Frau macht mit ihren beiden Kindern von 10 und 12 Jahren und einer Verwandten den Versuch, einen Zirkel zu bilden. Die Kinder haben die nothwendigen Eigenschaften, und die Phänomene stellen sich steigernd ein. Die Kinder sehen überdies Vieles, was die Anderen nicht wahrnehmen und was von der Mutter nicht geglaubt oder doch als Einbildung betrachtet wird* … (Eines Tages vermutet sie, selbst eine Erscheinung zu haben und schließt dabei) *auf die Thätigkeit eines verstorbenen nahen Verwandten … den wir Robert nennen wollen … (A)ls sie allein im Zimmer ist, scheint es ihr, als ob sie bei dem Namen genannt werde. Sie ruft einen der Knaben, um sich gleichsam eine Ueberzeugung zu verschaffen, wie es mit den Visionen der Kinder steht. Sie fragt: ›Siehst Du etwas?‹ Das Kind erwidert: ›Nein – oder doch, beim Ofen steht Robert.‹ Sie ruft das zweite Kind; auf dieselbe Frage erfolgte dieselbe Antwort. Sie schickt die Kinder weg und sagt ganz leise, dass wenn Robert wirklich hier sei, er sich* … (zu einem bestimmten) *Sessel begeben möge. Sie ruft eines der Kinder herein und fragt wieder. Das Kind sagt: ›Ich sehe Robert, aber nicht mehr beim Ofen, sondern bei diesem Sessel!‹ Sie ruft das zweite Kind, dieselbe Frage, dieselbe Antwort.*« (Hellenbach, S. 30f.)

Wenn Baron Hellenbach mit seiner Schrift bezweckt hätte, Erzherzog Johann eines Besseren zu belehren, dann wäre ihm das mit der Wiedergabe von solchen Erlebnissen sicherlich gelungen. Das brauchte er aber nicht mehr, da der Habsburger schon lange vorher ein überzeugter »Spiritist« war.

6.
Kaiserin Elisabeth: Eine Sensitive) oder das Opfer ihrer Phantasie?*

Wenn es auch leicht fällt, die Erlebnisse aller Habsburger, die vor oder nach Kaiserin Elisabeth über paranormale Vorfälle berichteten, in eine Liste von Wahrnehmungen einzuordnen, so stellt es eine große Herausforderung dar, die von ihr weitergegebenen Erlebnisse sachlich zu bewerten. Denn Elisabeth verfügte über eine außerordentlich rege Phantasie, weshalb es denkbar ist, daß sie sich einige der Vorkommnisse nur eingebildet hat. Außerdem war sie eine sehr sensible Persönlichkeit, die an Idiosynkrasie litt (das ist eine Überempfindlichkeit der Sinne), weshalb sie auf bestimmte Eindrücke noch stärker reagierte als normale Menschen. Bleibt der dritte Einfluß, die überall aufkeimende »Mode«, an spiritistischen Experimenten teilzunehmen, wodurch eines Tages also auch die Kaiserin den Wunsch verspürte, Kontakt zur außersinnlichen Welt herstellen zu können. Weil sie aber keine Lust hatte, sich einer (professionell arbeitenden) Gruppe anzuschließen, arbeitete sie fortan hauptsächlich in Selbst-Versuchen. Da sie die Anweisungen dafür von den absonderlichsten und nicht immer ernstzunehmenden »Lehrmeistern« empfing, müssen die von ihr erzielten »Erfolge« also mit großer Vorsicht behandelt werden. Um ihr Ziel zu erreichen – Verbindung zum Jenseits zu bekommen – war ihr jedes auch noch so merkwürdige

*) Ein ›Sensitiver‹ ist im Sprachgebrauch der Parapsychologie eine andere Bezeichnung für ›Medium‹ oder einen ›übersinnlich Begabten‹.

Auch Kaiserin Elisabeth berichtete über selbst erlebte paranormale Vorfälle. Allerdings verfügte sie über eine außerordentlich rege Phantasie, weshalb es leicht denkbar ist, daß sie sich einige der Vorkommnisse nur einbildete.

Hilfsmittel recht. Sie vollführte alte heidnische Rituale ebenso wie Voodoo-Zaubereien, trug – um sich dabei zu stärken – eine Menge von Talismanen, da sie außerordentlich abergläubisch war und Angst vor dem bösen Blick und vor den feindlichen Mächten des Jenseits hatte. Am stärksten quälte sie in diesem Zusammenhang die Furcht vor der Dunkelheit*), an der sie seit ihrer Kindheit litt.

Um dem schlechten Ausgang eines von ihr in Angriff genommenen Unternehmens entgegenwirken zu können, wandte die Kaiserin vorab »Vorsichtsmaßnahmen« an: Sie ließ sich Karten legen, rief den Mond um Unterstützung an

*) Mehr darüber in: Mythos, S. 200ff. und »... von dem müden Haupte ...«, S. 157ff.

und sammelte Hufeisen und Nägel, auf deren Schutzgewalt sie vertraute. Um dem Pech zu entgehen, das einem der Anblick von Elstern verheißt, machte sie als »Gegenmaßnahme« drei Verbeugungen vor den Vögeln. Den Anblick von Raben versuchte sie ganz zu meiden. Ihrer Meinung nach waren sie Symbole unentrinnbaren Lebensleids, was sie in ihrem Gedicht »Ich habe verzweifelt« zum Ausdruck brachte.

»Jehova! Ich habe verzweifelt.
An deiner Barmherzigkeit,
Da ich die Raben gesehen
Mit all ihrem schweren Leid.

Ich sah sie stürzen und fallen
Hinab in den tiefen Schnee,
Wo sie sich krümmten und wanden,
Verendend im bitt'ren Weh.

Den schwarzen Fittig gespreizet,
Das lichte Auge verdreht,
Ein himmelschreiender Vorwurf,
So war'n sie am Schnee versät ...«

Diese Ode an den Aberglauben, die im Sommer 1886 in Ischl entstand, stellt einen guten Übergang zur Begeisterung Kaiserin Elisabeths für die Welt des Außersinnlichen dar. Denn in den folgenden Strophen über den »erwürgten Schwan« bezog sich Elisabeth nicht nur auf den Tod des kurz zuvor verstorbenen König Ludwigs II. von Bayern, sondern ließ auch nicht den geringsten Zweifel offen, daß sie weiterhin mit ihm in Kontakt stand.

Die Kaiservilla in Bad Ischl. Hier hat Kaiserin Elisabeth im Sommer 1886 – wohl unter dem Einfluß von Schnürlregen und launischem Wetter – das Gedicht »Ich habe verzweifelt« niedergeschrieben.

»Jehova! Ich habe verzweifelt.
An deiner Barmherzigkeit,
Da ich den Frevel gesehen,
Der jüngst einen Schwan entweiht.

Verzweifelt lief ich am Ufer
Und schrie hinaus in den See:
›Jehova hat uns verlassen,
Er spielt nur mit unserm Weh!‹

Wo ist die Seele des Schwanes,
Den man im Wasser erwürgt?
Wo ist das ewige Leben,
Das man uns heilig verbürgt?

Und sieh', als die Nacht gekommen,
Da stieg ein Engel hervor
Aus weinenden Wasserfluten
Und flüstert' mir leise ins Ohr:

›Die Seele, die du verlangest,
Sie gleitet im grossen All;
Doch mit der deinen sich mengen,
Darf sie sich nun von Fall zu Fall ...‹«

Von der »Seelenvermengung« noch einmal kurz zurück zur lebenslangen Ängstlichkeit*) der Kaiserin. Elisabeth fühlte sich in Gesellschaft der meisten Menschen unsicher, wenn nicht sogar von ihnen bedroht, und war unfähig, ihre Hemmungen alleine in den Griff zu bekommen. Dennoch fragte sie in den seltensten Fällen bei seriösen Fachleuten um Rat, sondern ließ sich hauptsächlich von Quacksalbern helfen. Daß sie, eine der reichsten Frauen des Kontinents, als Patientin (oder besser Kundin) nicht selten Scharlatanen aufsaß, läßt sich leicht denken. Doch die Kaiserin nahm alle Ratschläge von allen Anbietern eifrig an und umgab sich in Hinkunft mit einem Troß von Geistersehern, die sie in den Schlössern in Wien und in ihrer Villa auf Korfu empfing und mit denen sie auch während ihrer Reisen ständig Kontakt hielt.

---

*) Die große Furchtsamkeit der Kaiserin ist eine der größten Widersprüchlichkeiten ihres Charakters, da sie ja – wie mehrfach bezeugt ist – eine der wagemutigsten Reiterinnen und Bergsteigerinnen ihrer Zeit war. Trotzdem fürchtete sie sich im Gegensatz dazu vor geradezu harmlosen Dingen: wie in der Nacht ohne Begleitung durch die Gänge eines Hauses zu gehen oder mit einem Wagen auf einen Berg zu fahren. Mit einem Mal hatte sie sogar Todesangst vor dem Reiten. Aus diesem Grund gab sie diesen Sport eines Tages auch für immer auf.

Kaiserin Elisabeth mit ihren Geschwistern, Herzog Carl Theodor in Bayern und Erbprinzessin Helene von Thurn und Taxis. Nur im Kreis ihrer Brüder und Schwestern fühlte sie sich wirklich wohl, in Gesellschaft der meisten Menschen befiel die Kaiserin Unsicherheit und Unbehagen.

Über eine Freundin aus Kindertagen – die in München lebende Gräfin Irene Paumgartten – bekam Elisabeth eines Tages Kontakt zu spiritistischen Kreisen. Wenn seit der Heirat der Kaiserin im Jahr 1854 die Verbindung zu ihr auch nie vollständig abgerissen war, so erhielt die Freundschaft in den 80er-Jahren eine neue Vertiefung. Ab dieser Epoche begann Elisabeth, sich intensiv mit der jenseitigen Welt zu beschäftigen, woraufhin sie häufig bei Gräfin Paumgartten in München Rat suchte. 1884*) besuchte sie die Freundin, »die nun

*) Es ist sicherlich kein Zufall, daß der erste dokumentierte Kontakt in das Jahr 1884 fällt. Wie schon im 5. Kapitel angedeutet (S. 77 ff.), hat Erzherzog Johann Salvator zu genau dieser Zeit mit seinen spiritistischen Experimenten begon-

eine kränkliche, halbverrückte, aber ungemein lebhafte alte Jungfer ist, die sich ganz dem Spiritismus ergeben hat und aufgeregt von ihrem Verkehr mit den Geistern erzählt.« (Corti, S. 341)

Die häufigen Fahrten der Kaiserin in ihr Heimatland hatten übrigens einen komischen Nebeneffekt auf hoher politischer Ebene. Eines Tages begannen sich nämlich die staatlichen Sicherheitsdienste für den Grund dieser Reisen genauer zu interessieren: Wenn Elisabeth immer dasselbe Ziel anpeilte (was sie sonst bekanntermaßen vermied), dann mußte dahinter ein staatstragendes Geheimnis stecken. Also schickte man ihr Spitzel hinterher. Und als die Kaiserin 1888 auf der Rückreise von England wieder einmal in München hielt, um Gräfin Paumgartten aufzusuchen, meldete das der »Münchener Gesandte*) ... (sofort) an Bismarck (weiter), weil er der Ansicht (war), daß der Glaube Elisabeths an Mitteilungen aus dem Geisterreich, die ihr die Gräfin als sogenanntes ›Schreibmedium‹ vermittelt, unter gewissen Umständen große Bedeutung haben könnte. Der Diplomat überschätzt aber diese Vorgänge. Elisabeth besucht zwar häufig ihre alte Jugendfreundin, aber sie unterhält sich darüber, daß diese behauptet, sie habe die Fähigkeit, mit von Geistern geführter Hand in traumartigem Zustand ›automatisch‹ zu schreiben. Elisabeth ist sich allerdings nicht ganz

---

nen, an denen auch Kaiserin Elisabeths Sohn, Kronprinz Rudolf, teilnahm. So darf man daraus schließen, daß das Thema in der kaiserlichen Familie damals sehr aktuell war.

*) Seit 1871 war Deutschland ein geeintes Land, Bayern hatte allerdings bestimmte politische Rechte und Eigenständigkeiten für sich durchsetzen können. Deshalb wird mit der Bezeichnung »Münchener Gesandter« vermutlich ein von Berlin geschickter, in München stationierter Diplomat gemeint gewesen sein.

klar, ob das alles nur Humbug ist, oder ob nicht doch etwas dahintersteckt. Aber zumindest sieht sie, daß die Gräfin bona fide*) handelt und die Sache niemals zu persönlichen Zwecken mißbraucht. Sie zweifelt oft daran, dann glaubt sie daran, dann zieht sie das Ganze gleich wieder ins Lächerliche.« (ders., S. 400)

Dieser aus dem Buch von Conte Corti zitierte Absatz über das Verhalten der Kaiserin ist außerordentlich bezeichnend für sie. Da tritt ihre ganze persönliche Unsicherheit zutage. Denn auf der einen Seite will sie sich über die Fähigkeit der Freundin, »mit von Geistern geführter Hand in traumartigem Zustand ›automatisch‹ zu schreiben«, unterhalten haben, konnte sich aber andererseits nicht entscheiden, ob sie daran zweifeln oder daran glauben soll. Schließlich entschied sie sich – zumindest offiziell – dazu, das Ganze »lächerlich zu finden«. Diese Erklärung war aber sicherlich nur für die Öffentlichkeit, für die Presse und die im diplomatischen Dienst rührig tätigen Agenten, gerichtet. Denn, wie mittlerweile hinlänglich bekannt ist, hat Elisabeth ja nicht nur an das »automatische Schreiben« geglaubt, sondern war sich sogar sicher, jederzeit Kontakt mit der außersinnlichen Welt aufnehmen zu können. »*Ich* (Kaiserin Elisabeth) … *bin imstande, mit allen Seelen zu verkehren, die meiner Seele verwandt sind, auf welche ich meine eigene Seelenkraft übertragen und konzentrieren kann* … (Die) *Bilder kommen mir im wachen Zustand, ebenso wie die Erinnerung im Schlaf ›Traumgebilde‹ erweckt. Aber, was ich in wachem Zustande sehe, sind keine Traumgebilde, keine Halluzinationen* …« (zitiert in: Wallersee, S. 250 ff.)

*) Wörtlich: »mit gutem Glauben«. Im deutschen Sprachgebrauch könnte man es »mit bestem Wissen und Gewissen« gleichsetzen.

Die lebenslange Romantikerin Elisabeth: einmal sich dem Betrachter »keck entziehend«, einmal tief verschleiert. Im Alter von fünfzig Jahren hat sie sich wie ein Schulmädchen in den dreißig Jahre zuvor verstorbenen Dichter Heinrich Heine verliebt.

Im Alter von fünfzig Jahren hat sich die Kaiserin wie ein Schulmädchen – mit Herzklopfen, Erröten und biedermeierlichem »Zittern und Beben« – in den Dichter Heinrich Heine verliebt. Daß der Mann zu diesem Zeitpunkt schon einige Jahre tot war, tat dabei nichts zur Sache. Elisabeth kannte, wie wir wissen, genug Möglichkeiten, mit ihm trotzdem in Kontakt zu treten. Daß ihre Wahl genau auf diesen Künstler fiel, war nicht gerade zufällig. Denn erstens feierte man im Jahr 1886 seinen dreißigsten Todestag mit zahlreichen Veranstaltungen und zweitens gab diese Verehrung einen guten Grund, ihren Ehemann zu reizen. Denn Kaiser Franz Joseph verachtete Heinrich Heine (wie übrigens die meisten zeitgenössischen Fürsten und Mitglieder der oberen

Gesellschaftsschichten), der sich als Freigeist, Gotteslästerer und Sozialkritiker nicht gerade des besten Rufes*) erfreute. Wie auch immer. Ab dem Zeitpunkt, als der tote Heine in das Leben der Kaiserin trat, stilisierte sie ihn zu ihrer großen geistigen Liebe hoch, die ihre sonst so sprunghafte Seele ein paar Jahre lang beschäftigen sollte. Den Kontakt zu ihm stellte sie her, wann immer ihr der Sinn danach stand. Alles hinter verschlossenen Türen, ohne Helfer und ohne Zeugen, in geheimen Selbst-Experimenten, weil sie mit dem »Geliebten« verständlicherweise alleine sein wollte.

1886, also im früher erwähnten Jubeljahr Heines, war der Kaiserin nach eigenen Angaben die erste »mediale Verständigung« mit dem Dichter geglückt. Nachdem sie einige weitere Male Kontakt zu ihm hergestellt hatte, vertiefte sich ihr Verhältnis. Was zunächst geistig-künstlerisch begonnen hatte, wurde zu einer erotischen Beziehung. Elisabeth hatte in Heine schließlich auch den Mann gefunden, der sie sinnlich reizte und gefangenhielt. Die sexuelle Anziehung war so stark, daß sie mitunter sogar sterben wollte, um sich ihm ganz hingeben zu können. Nur die Angst vor dem Tod und die Unsicherheit darüber, ob das Leben im Jenseits ihren Vorstellungen entsprach, hat sie vor diesem Schritt zurückschrecken lassen. Im Gedicht**) »Auf den Wogen«, das Elisabeth im Juli 1887 während eines Aufenthalts in England verfaßte, tritt dieser Gedanke besonders deutlich hervor.

---

*) Im Jahr 1835 war aus diesem Anlaß die Verbreitung seiner Schriften in einem eigenen Bundestagsdekret verboten worden.

**) Kaiserin Elisabeth hat seit ihrer Kindheit Gedichte verfaßt und seit 1885 – damals war sie 48 Jahre alt – ein Tagebuch in Versform geführt. Sie hat allerdings bestimmt, daß es erst einige Jahre nach ihrem Tod veröffentlicht werden darf. Das Werk und die Verfügung gerieten aber in Vergessenheit, und so wurde die Gedichte-Sammlung erst im Jahr 1995 unter dem Titel »Das poetische Tagebuch« herausgegeben.

Auf den Wogen steht der Meister*)
Und er winkt mit seiner Hand;
Ach! warum bin ich nicht dreister
Und verlass des Schiffes Rand!

Täglich fahre ich ins weite,
Tiefe, blaue Meer hinaus;
Täglich sprech' ich: ›Endlich heute
Kehre ich nicht mehr nachhaus.‹

Länger soll er nicht mehr harren,
Und ich stürze mich hinab;
Und doch macht mein Blut erstarren
Dieses nasse, kalte Grab!

Um sich Ersatz für den toten/körperlichen Heine zu verschaffen, gab Elisabeth bei verschiedenen Bildhauern Statuen und Büsten des Dichters in Auftrag, die sie in den Parks der kaiserlichen Villen aufstellte, und bezeichnete die Stifterin der Kunstwerke auf den Sockeln als »Frau Heine«. Hinter diesem Decknamen verbarg sich natürlich niemand anderer als Elisabeth selbst. Mit ihrer Verehrung für Heine hat Elisabeth ihre gesamte Familie belästigt. Kaiser Franz Joseph hätte auf die Bildwerke des Dichters sowie auf die steten Vorträge über ihn liebend gerne verzichtet. Doch er und der Lieblingsbruder der Kaiserin, Carl Theodor, wurden beständig in Streitgespräche über Heine verwickelt. Der beständigste und wohl auch geduldigste Ansprechpartner Elisabeths war ihre Lieblingstochter Marie Valérie, die

*) Heinrich Heine wird in den Gedichten Kaiserin Elisabeths meistens als »Meister« bezeichnet.

Und noch einmal verhüllt mit dem Bruder, Herzog Carl Theodor in Bayern. Er hat – wohl im Einklang mit seinem Schwager Kaiser Franz Joseph – oft versucht, Elisabeth von ihren »überspannten Ideen« abzubringen und warnte sie sogar vor dem zu häufigen »Seelenverkehr mit Heine«.

sicherlich das meiste über diese sonderbare Beziehung erfuhr. »*Onkel Gackel* (Herzog Karl Theodor in Bayern) ... *warnte Mama davor, sich zu intensiv in die überspannten Ideen zu bohren, in denen sie lebt, denn er meint durch diesen eingebildeten Seelenverkehr mit Heine könne sie ihre Nerven so überreizen, dass*) sie am Ende noch ›umschnappe‹ ...*« (Marie Valérie, 23. August 1887) – Von wegen »eingebildeter Seelenverkehr«. Die Kaiserin war sich ganz sicher, mit Heine ständig in Kontakt zu stehen, und sie glaubte sogar, mit sei-

*) Soviel zu einer der grundlegenden »Neuerungen« der neuen Rechtschreibung im neuen Jahrtausend: »Dass« schrieb man schon unter Kaiser Franz Joseph auf diese Weise.

ner Hilfe sein literarisches Werk fortzusetzen. Das heißt, sie führte alle Reime, die sie schrieb, auf sein persönliches Diktat*) zurück. Sie hat »*auf das Bestimmteste* (behauptet) … *die schemenhafte und kleinere Gestalt Heines lasse sich beim Dichten auf ihrer rechten Schulter nieder, ihren Arm und ihre Hand haltend, als eine unsichtbare Kraft; seine Seele zerfließe dann mit der ihrigen.*« (Gräfin Larisch, S. 161) Doch Vorsicht mit dieser Vermutung. Denn es gibt eine Menge Anhaltspunkte dafür, daß dieser »spiritistische Kontakt« doch nur Elisabeths Phantasie entsprang. Belastendster Beweis ist die Literatur selbst – also die von der Kaiserin verfaßten und von ihr Heine zugeschriebenen Verse. Abgesehen vom subjektiven Wert der Dichtung (als Erzeugnisse, die die Persönlichkeit der Kaiserin widerspiegeln), fehlt es ihnen an jedem künstlerischen Merkmal. Gerade darauf hatte Heine aber so viel Wert gelegt. So vermißt man in der »Elisabeth-Fassung« jede literarische Form, jeden Rhythmus, den Inhalt, die Botschaft und vor allem den spritzigen, pointierten, zynischen Witz, von dem sein lyrisches Werk durchdrungen ist. Es wäre aber sinnlos gewesen, die Kaiserin darauf hinzuweisen und sie vom Gegenteil überzeugen zu wollen. Denn Elisabeth war sich der »Zusammenarbeit« mit ihm ganz sicher. Sie hörte, wie seine Stimme ihr diktierte. »*Heine ist immer und überall mit mir, jedes Wort, jeder Buchstabe, was nur in ›Heine‹ vorkommt, ist ein Juwel.*« (Brief der Kaiserin an ihre Tochter Marie Valerie, Gödöllö, 11. September 1886)

---

*) Diese öfters erwähnte Behauptung Elisabeths bezieht sich auf die Experimente mit ihrer Münchner Freundin Gräfin Paumgartten. Von ihr hatte sie erfahren, daß »Mitteilungen aus dem Geisterreich« über Schreibmedien weitergegeben werden konnten. So dauerte es also nicht lange, daß sie sich einbildete, selbst die Fähigkeit zu besitzen, »mit von Geistern geführter Hand in traumartigem Zustand ›automatisch‹ zu schreiben«.

Gemälde eines kaiserlichen Familienidylls, so wie es sich ein Maler vorstellte: Das Kaiserpaar mit Kindern, Schwiegersohn und Enkelinnen: ganz re. Elisabeth mit ihrer Lieblingstochter Marie Valerie, die ihr beständigster und wohl auch geduldigster Ansprechpartner war.

Der eigenwillige »literarische Nachlaß Heines« aus der Feder der Kaiserin besteht aus einem Tagebuch, in dem sie in schwärmerischer oder bissiger, mitunter sogar in sehr verletzender Weise Bezug auf verschiedene Tagesereignisse nahm. Dabei ging es ihr weniger darum, die Geschehnisse realistisch nachzuerzählen, sondern um die persönliche Bewertung bestimmter Personen oder Anlässe. Das Erlebte faßte sie in Backfisch-Reimen zusammen, die ihr durch die »Mithilfe« Heines offensichtlich nur so aus der Feder flutschten.

»Mir dünkt, daß Du (also Heine) dictiertest,
zu schreiben nur bleibt mir,
Gedanken und Gefühle
wehst du auf das Papier.«

Es erübrigt sich, diese Reime nach einem kritischen Gesichtspunkt zu bewerten. Sie verfügen über einen kindlichen Auszählreim-Rhythmus, die Wortwahl scheint der Stammbuch-Literatur entnommen, schließlich entbehren die Verse jeder literarischen Form. Um sich ein Bild vom künstlerischen Unterschied zu machen, möchte ich im folgenden vier Zeilen »echten Heine« zitieren. Und selbst der an Literatur uninteressierteste Leser wird feststellen, mit welcher Leichtigkeit er die Zeilen in beinahe freier Form aneinanderhing, wie wohltönend der Vers klingt, welch geschickte Auswahl er bei den Worten und ihrer Anordnung traf. Und schließlich, was für ein Augenzwinkern, das diese vier Zeilen beherrscht: Ein literarisches Kunstwerk aus einer Zeit (dem Spätbiedermeier), als die meisten Dichter noch immer »Herz« auf »Schmerz« reimten.

»Kaum sahen wir uns, und an Augen und Stimme
merkt ich, daß du mir gewogen bist;
stand nicht dabei die Mutter, die schlimme,
ich glaube, wir hätten uns gleich geküßt.«
(aus: Die Heimkehr)

Um zuletzt nicht ein Werk über vergleichende Literatur hervorzubringen, unterbleiben weitere Gegenüberstellungen. Es macht auch nicht viel Sinn, die Lyrik Heines mit der der Kaiserin zu vergleichen, da es sich bei den Gedichten des »Mediums«, das eben wirklich *nur dachte, das Werk fortzusetzen*, um außerordentlich bemühte Kopien handelt. Dabei entlehnte sie bei ihrer Arbeit hauptsächlich den Wortschatz von Heine (die meisten Gedichte kannte sie ja auswendig), übernahm Titel (Nordseelieder), Ideen (Meeresbetrachtungen, Schiffsreisen, das Thema Odysseus, Kontaktaufnahme mit Toten und die Bereitschaft für übersinnliche Wahrnehmungen – sogar dieser Gedanke fand sich schon bei Heine), Motive (Liebe für tote Helden der Geschichte, Todessehnsucht – ja auch das ist von Heine geborgt) und schämte sich nicht einmal, in vielen Gedichten gleich mehrere Zeilen auf einmal wortwörtlich zu übernehmen.

Nach dem Kurzausflug in die Welt der Literatur zurück in die der Parapsychologie und den – tatsächlich stattgefundenen oder wie die »Diktate« nur eingebildeten – Erscheinungen Heinrich Heines in den Stuben der Kaiserin. Wie sind ihre paranormalen Fähigkeiten allgemein einzuschätzen? Konnte sie zum verstorbenen »Geliebten« wirklich eine Verbindung herstellen? Die Lieblingstochter Elisabeths, Erzherzogin Marie Valérie, hat sich in ihren Briefen und Tagebüchern öfters mit diesem Thema auseinandergesetzt, war sich meines Erachtens aber auch nicht hundertprozentig sicher über die Erfolge ihrer Mutter. Im Jahr 1889 hat sie eine der am stärksten erlebten Erscheinungen aufgezeichnet, die allerdings aus einer früheren Zeit stammte, und zwar aus der Epoche, als die Kaiserin noch um die erste Kontaktaufnahme mit Heine bemüht war. »*Vor 3 Jahren in Herkulesbad erklärte Carmen Sylva*), sie sei von ihrer Bewunderung für Heine abgekommen. Mama beunruhigte sich über diese Äusserung, dachte aber dann nicht mehr daran, als sie Abends im Bett lag und plötzlich deutlich und scharf gezeichnet das Profil des Dichters wie es ihr aus dem Bild bekannt war, vor sich sah, und dabei eine merkwürdige, aber, wie sie sagt, angenehme Empfindung hatte, als wollte diese Seele die ihre losringen aus dem Körper. Dieser*

*) Hinter dem Pseudonym »Carmen Sylva« verbarg sich Königin Elisabeth von Rumänien, Ehefrau König Carols I., die ebenfalls schriftstellerisch tätig war. Sie hat ihr Werk, hauptsächlich Märchen und Gedichte, unter diesem Künstlernamen veröffentlicht.

Kampf brauchte eine Sekunde, aber Jehova gestattete der Seele nicht, den Körper zu verlassen. Die Erscheinung verschwand und liess Mama trotz der Enttäuschung des Weiterlebens für lange Zeit eine beglückende Befestigung im Glauben, eine grössere Liebe zu Jehova und die Überzeugung, dass Heines Seele bei Ihm und ihr Umgang mit Mamas Seele von Ihm gestattet sei. Und Mama versichert noch heute und sagt, sie könne jeden Schwur leisten, dass dies wahr sei und sie die Erscheinung, vollkommen wachend und mit ihren leiblichen Augen vor sich gesehen.« (Marie Valérie, 26. August 1889)

Diese Vision hört sich wohl etwas überzeugender als die Erlebnisse der Kaiserin als Heines Schreibmedium. Trotzdem wird man den Verdacht nicht los, daß es sich bei den meisten ihrer Wahrnehmungen mehr um Wunschträume denn um echte paranormale Erscheinungen handelte. Denn ihre Berichte darüber und die Art, wie sie die Phänomene erlebte, klingen hauptsächlich spätpubertär, mitunter sogar mädchenhaft-hysterisch. Wobei auch noch zu erwähnen bliebe, daß das Interesse für die toten Personen, mit denen sie so plötzlich Kontakt aufnehmen konnte, jeweils durch groß aufgemachte Presseberichte entstand. Und daß die Leidenschaft für beide große Tote im Jahr 1886 entbrannte, ist kein Zufall. Denn auch die zweite »Leitfigur« ihres Lebens, erhielt in diesem Jahr ausschließlich durch ihren Tod eine so große Bedeutung. In diesem Jahr ertrank unter bis heute nicht geklärten Umständen der Neffe*) der Kaiserin, König Ludwig II. von Bayern, woraufhin sich nun also ein zweiter »Ansprechpartner« im Jenseits befand. Wenn Elisabeth den lebenden Ludwig auch nicht besonders leiden mochte, stell-

*) »Neffe« und nicht »Vetter«, wie oft geschrieben wird. König Maximilian II., der Vater Ludwigs, war ein direkter Cousin Elisabeths.

Obwohl Kaiserin Elisabeth mit Königin Elisabeth von Rumänien (= Carmen Sylva) besonders gut befreundet war, gibt es kein gemeinsames Photo der beiden Damen. Kaiser Franz Joseph hat das Königspaar 1896 besucht, aus welchem Anlaß diese Aufnahme entstand (König Carol I. steht li., Königin Elisabeth re. von ihm).

te er nach seinem Tod plötzlich eine mystische Idealfigur*) dar. Und weil man miteinander verwandt war, brauchte sie sich bei der Kontaktaufnahme zu ihm auch gar nicht erst anzustrengen: Denn Ludwig erschien von ganz alleine. Und zwar mehrmals, immer nachts in ihrem Schlafzimmer. Das hat die Kaiserin ihrer Lieblingshofdame, Ida von Ferenczy, erzählt. Ludwig sei stets in triefend nassen Kleidern bei ihr aufgetaucht (weil er ja im Starnberger See ertrunken war) und

*) Die große Bedeutung erhielt der Neffe erst nach seinem Tod. Zu seinen Lebzeiten hat sich die Kaiserin hauptsächlich über ihn lustig gemacht und ist einer Begegnung mit ihm immer sehr gerne ausgewichen.

habe ihr anläßlich eines dieser Besuche sogar den Flammentod ihrer Schwester Sophie, Herzogin von Alençon, vorausgesagt. Dafür gibt es allerdings keine schriftlichen Belege, sondern nur Nacherzählungen nach dem stattgefundenen Ereignis. Also wieder kein Treffer für Elisabeth. Wohl aber für Mademoiselle Couédon, der außersinnlich veranlagten Tochter eines Pariser Rechtsanwaltes. Denn sie sagte die Brandkatastrophe, die am 4. Mai 1897 während einer Wohltätigkeitsveranstaltung in Paris ausbrach und unter vielen anderen auch der Schwester der Kaiserin das Leben kostete, tatsächlich voraus. Und zwar vor Zeugen, von denen einige die Prophezeiung damals auch schriftlich notierten.

»*Der furchtbare Bazarbrand in der Nähe der Champs Elysées, dem am 4. Mai 1897 außer vielen anderen vornehmen Personen auch die Herzogin von Alençon, die Schwester der … Kaiserin Elisabeth von Österreich, zum Opfer fiel, wurde von Fräulein Couédon … anfangs Mai 1896 im Salon des Grafen Urbain de Maillé vorhergesagt …*« (Kemmerich, S. 122) Graf de Maillé, der das Medium längere Zeit kannte, hatte zunächst alleine von der bevorstehenden Brandkatastrophe erfahren, die ein Jahr später stattfinden und zahlreiche Todesopfer unter den ersten Familien des Landes fordern sollte. Da er sich schon des öfteren von der hohen Treffsicherheit des Mädchens überzeugen konnte, wollte er, daß sie diese Prophezeiung vor einem größeren Publikum wiederhole. Allerdings war Mademoiselle Couédon eine sehr scheue Persönlichkeit und wollte genau das vermeiden. In diesem einzigen Fall gab sie aber seinen Bitten nach und trat in Gegenwart von etwa hundert geladenen Personen auf. Wie diese Sitzung ablief und was genau das Mädchen voraussagte, hat Graf Urbain de Maillé schriftlich festgehalten. Es wird im folgenden in verknappter Form wiedergegeben.

Herzogin Sophie von Alençon, eine Schwester Kaiserin Elisabeths. Auf der Suche nach ihrer Tochter kam sie 1897 bei dem von Mlle. Couédon vorausgesagten Bazarbrand in Paris ums Leben.

»Nachdem Mlle. Couédon die Neugier derjenigen Geladenen, welche sie jeder für seine Person befragt hatten, befriedigt hatte, kam der Moment, wo sie uns von dem bevorstehenden Brande sprach ... Sie sprach von ›einem großen Brande, welcher in einer zu Wohltätigkeitszwecken gebildeten Gesellschaft ausbrechen würde‹. – ›Ich sehe‹, sagte sie, – ich zitiere aus dem Gedächtnis –, ›daß die Spitzen der Gesellschaft ... getroffen werden. Und ganz besonders wird das Faubourg St. Germain zu leiden haben).‹ Und ganz genau entsinne ich mich, daß die Seherin*

*) Der aus dem Französischen übersetzte Originaltext der Prophezeiung, der vermutlich für diese Veranstaltung in Reime gesetzt wurde, lautete wörtlich: »In der Elysäischen Felder Nähe ich ein wüstes Gedränge sehe. Erst dem Mitleid war es geweiht, dann aber macht es viel Herzeleid. Flammen seh' ich lodern und sengen, ängstlich die Menge sich furchtbar drängen; lebendes Fleisch seh' ich

hinzufügte: ›Keine der hier versammelten Personen wird in Mitleidenschaft gezogen werden!‹« (zit. in: Kemmerich, S. 123f.) Auch diese Prophezeiung hat sich bewahrheitet. Tatsächlich wurde keiner der damals bei der Sitzung Anwesenden Opfer des Brandes im darauffolgenden Jahr 1897. Wohl aber die Schwester Kaiserin Elisabeths, die in Frankreich lebende Herzogin Sophie von Alençon. Sie konnte sich zwar bald nach Ausbruch des Feuers ins Freie retten, vermißte aber ihre Tochter, die sie in einem der brennenden Zelte vermutete. Auf der Suche nach ihr rettete sie einigen anderen Menschen das Leben, wurde aber schließlich von einem umstürzenden Pfosten erschlagen und verbrannte bis zur Unkenntlichkeit. Nur ihr Zahnarzt vermochte die Leiche zu identifizieren. Ihre Tochter hat die Brandkatastrophe übrigens unbeschadet überlebt. Sie hatte sich schon sehr früh aus der Flammenhölle gerettet. Da die Herzogin sie aber im Qualm und im Gewühl der herumirrenden Menschen nicht finden konnte, suchte sie so lange, bis sie selbst im Feuer starb.

Doch noch einmal zurück zu Kaiserin Elisabeth und ihren vermeintlichen außersinnlichen Wahrnehmungen, für die es jedem Leser belassen bleibt, sie zu glauben oder auch nicht. Selbst, wenn man eher geneigt ist, letzteren – also den Zweiflern – anzuschließen, ist es nicht abzuleugnen, daß sie irgendwelche prophetische Anlagen besessen haben muß. Die waren ihr aber weniger bewußt und bezogen sich hauptsächlich auf sich selbst. So war sie einen Tag vor dem Attentat auf sie hauptsächlich mit Todesgedanken befaßt und betonte sogar mehrmals ihre Angst vor dem Sterben.

---

geröstet, Körper verbrannt, die Luft verpestet!« (zit. in: Kemmerich, S. 125) – Da der Übersetzer die Versform des französischen Originals ins Deutsche übernahm, klingt der Text etwas holprig und veraltet.

Das hat sie der sie begleitenden Hofdame, Gräfin Irma Sztáray*), erzählt, die diese Aussagen ebenso notierte wie ihre eigenen Wachträume in der folgenden Nacht. »*Ich* (Gräfin Sztáray) *bekräftigte, daß ich mich schon seit meiner Kindheit mit ihm* (dem Tod) *beschäftigte, mit unerschütterlichem Vertrauen ihm entgegensehe und ihn nicht fürchte. ›Ich aber fürchte ihn,‹ sprach die Kaiserin, ›obschon ich ihn oft ersehne, doch dieser Übergang, diese Ungewißheit macht mich zittern, besonders der furchtbare Kampf, den man bestehen muß, ehe man dahin gelangt.‹«* (dies., S. 231f.)

Noch stärker waren die Vorahnungen der Gräfin Sztáray, die ganz deutlich spürte, daß am folgenden Tag etwas Furchtbares geschehen würde. Das ist ganz typisch für sie, die die Kaiserin innig liebte. Denn nahestehende Menschen empfinden und ahnen Katastrophen oft ausgeprägter voraus als die Betroffenen selbst. Irma Sztáray, die Ich-Erzählerin des folgenden Zitats, hatte vom 9. zum 10. September 1898 eine besonders unruhige Nacht. »*Ich verbrachte sie mehr wachend als schlafend. Endlich schreckte ich aus meinem späten Schlummer auf, wie von jemandem mit gellender Stimme angerufen … Wir schrieben den 10. September, es war mein Beichttag. Ich eilte zur Kirche, obwohl es mich große Überwindung kostete, jetzt meiner andächtigen Pflicht zu genügen, weil ich ungewohnt müde und nervös war.*« (dies., S. 235f.)

Bemerkenswert ist in bezug auf die früher erwähnten Vorahnungen der Kaiserin, daß auch sie in der letzten Nacht

---

*) Über die Persönlichkeit der Hofdame hat Kaiserin Zita in einer ihrer Niederschriften folgendes festgehalten: »Gräfin Sztáray, die ich in meiner Jugend gut gekannt habe, war eine sehr ruhige Person. Sie hat sich keine Geisterseherei erfunden. Man machte ihr sogar eher den Vorwurf, zu langsam und ohne jegliche Phantasie zu sein. « (aus einer undatierten Niederschrift, vermutlich aus den 60er-Jahren)

ihres Lebens schlecht geschlafen und sogar angsterregende Wachträume hatte. Auch darüber erzählte sie Irma Sztáray am folgenden Morgen: »*Müde bin ich nicht, doch habe ich kaum geschlafen. Eine Weile hörte ich den italienischen Sängern zu, später störte mich der Leuchtturm mit seinen beständig wechselnden Farben, und ich konnte mich nicht entschließen, aufzustehen und die Fenster zu schließen. Es mochte gegen 2 Uhr gewesen sein, als ich einschlief, da aber, was mir noch niemals geschah, schrak ich entsetzt auf, weil der hochstehende Mond mit seinem grellen Scheine in mein Gesicht leuchtete, während mein Bett und das ganze Zimmer in einer mystischen Beleuchtung schwamm. Weiter vermochte ich auch nicht mehr einzuschlafen.*« (dies., S. 236)

Ein paar Stunden später war die Kaiserin tot. Sie war von einem Anarchisten mit einer Dreikantfeile niedergestochen worden. Gräfin Sztáray hatte sie bei ihrem letzten Gang begleitet. Auf ihre Anordnung wurde die Schwerverwundete zurück ins Hotel gebracht, wo sie bald verschied. Die Hofdame hielt bei ihr die Totenwache und wurde dabei Zeuge eines außersinnlichen Phänomens: Sie scheint ganz genau wahrgenommen zu haben, wie sich Elisabeths Seele vom Körper löste*). »*Eine Stumpfheit bemächtigte sich meiner …*

*) Dieser Vorgang, den beinahe alle Weltreligionen kennen, findet kurze Zeit nach dem Ableben eines Menschen statt. Üblicherweise wird er nur vom Verstorbenen selbst wahrgenommen. Das haben Hunderte von klinisch Toten bezeugt, die ihren »Tod« außerhalb des eigenen Körpers miterlebten. Sie konnten sowohl ihren eigenen leblos daliegenden Körper sowie alle anwesenden Personen im Raum genau erkennen und später, als sie wieder ins Leben zurückkehrten, das Gesehene detailgetreu nacherzählen und beschreiben. – Dieses Loslösen der Seele vom Körper ist für den Verstorbenen, der seinen Zustand des Hinübergehens in die andere Welt nicht so schnell begreift, besonders irritierend. Deshalb ist es auch in den meisten Kulturen Brauch, den Toten nicht sofort zu verlassen, sondern in stiller Andacht bei ihm zu verweilen. In gläubigen katholischen Familien wird gebetet.

Kaiserin Elisabeth und Gräfin Irma Sztáray während ihres Aufenthaltes in Genf im September 1898. Beide Frauen hatten vor dem wenig später erfolgten Attentat angsterregende Empfindungen und Vorahnungen.

Mit leerem Blick schaute ich in die Flammen (der Kerzen), *die mit nervösem Geflacker die Bahre beleuchteten ... In diesem Augenblicke ging es wie ein Beben durch mein ganzes Wesen. Mir schien, als würde ich plötzlich beim Namen gerufen. Ich hörte eine Stimme – das in meiner Seele erklingende Echo eines aus Fernen kommenden süßen Wortes: ›Jenseits ist Friede und Glückseligkeit.‹ – Ich riß mich empor; der Halbschlummer wich aus meinen Augen, und ich stand vor meiner teuren Kaiserin, wie so oft, dienstbereit das Wort von ihren Lippen erwartend. Doch ihre Lippen waren geschlossen.«* (dies., S. 261)

Ans Ende dieses Kapitels über Kaiserin Elisabeth und ihre Beziehungen zur außersinnlichen Welt soll ihre am besten eingetroffene Vorausahnung gestellt werden, die sich abermals auf ihren Tod – und zwar ganz konkret auf die Art ihres

Todes – bezog. Eigentlich war es weniger ein Vorausahnen als ein Wunsch, der vielleicht gerade, weil er so stark war, genau in Erfüllung ging. Die Kaiserin hat ihn den meisten ihr nahestehenden Familienmitgliedern und Hofdamen mehrmals mitgeteilt. Das letzte Mal hat sie diesen Herzenswunsch einen Tag vor ihrem Tod ausgesprochen. Sie hat ihn Baronin Rothschild während des Besuchs in ihrer Villa am Genfer See erzählt, und Gräfin Irma Sztáray, die Elisabeth begleitete, notierte ihn zum wiederholten Male: »›*Je voudrai que mon âme s'envolasse vers le ciel par une toute petite ouverture du coeur*‹ (›Ich wünsche mir, daß meine Seele durch eine winzigkleine Öffnung des Herzens zum Himmel aufsteigt‹). *Diesen einen Wunsch hat ihr der Himmel erfüllt* ...« (Sztáray, S. 264) Und zwar auf folgende Weise: Der Attentäter hatte der Kaiserin eine Dreikantfeile ins Herz gestoßen, sie aber nach vollführter Tat sofort wieder herausgezogen. Mit dem Mordwerkzeug in der Hand gelang ihm vorerst sogar die Flucht. Elisabeth war durch den Stoß zwar gestürzt, bemerkte aber nicht, daß sie auch verletzt worden war. Sie konnte sich selbst wieder aufrichten und weitergehen und verlor erst nach geraumer Zeit das Bewußtsein. Als man dann ihr Korsett öffnete, bemerkte man einen Tropfen Blut auf ihrem Hemd und die darunterliegende kleine, dreieckige Wunde am Brustkorb, die die Feile hinterlassen hatte: eine »winzigkleine Öffnung, durch die ihre Seele nun zum Himmel aufsteigen konnte«.

Im Zusammenhang mit dem Mordanschlag auf Kaiserin Elisabeth soll es – wie schon an anderer Stelle dieses Buches erwähnt – kurz zuvor in Schloß Schönbrunn und in der Hofburg zu paranormalen Erscheinungen gekommen sein. Das bestätigen die Personen einer bestimmten Partei, die wir die »Befürworter« nennen wollen, während die Anhänger der

Letzte Ruhestätte der Kaiserin (ganz li.) in der Kapuzinergruft. Ihr lebenslanger Herzenswunsch – ›daß ihre Seele durch eine winzigkleine Öffnung des Herzens zum Himmel aufsteigen soll‹ – scheint sich erfüllt zu haben.

anderen, die »Zweifler« behaupten, daß anläßlich dieses Attentats zum ersten Mal in der Geschichte der Habsburger die Phänomene ausgeblieben sind. Es stehen aber ohnehin alle Theorien auf wackeligen Beinen, da jeder etwas anderes gesehen haben will. Es finden sich zu kaum einer Erscheinung zwei gleiche Meldungen. Außerdem wurden alle Erlebnisse nur mündlich weitergegeben – und das mittlerweile schon über mehrere Generationen – was der Sachlichkeit der Geschichten auch nicht gerade zuträglich war. Zu den wenigen, die ihr diesbezügliches Erlebnis schriftlich festgehalten haben, gehört ein Sprachlehrer, der die Kaiserin jahrelang mehrere Stunden täglich unterrichtete. Da er meinte, ihr dabei sehr nahegekommen zu sein (er hatte sich wie die meisten Lehrer Elisabeths in die Schülerin verliebt), wollte er die Verbindung nach ihrem Tod nicht so plötzlich abreißen lassen. Also suchte der Mann – er hieß Frederic Barker und stammte aus einer englischen Familie – Hilfe bei Okkultisten, die ihm den ersehnten Kontakt offensichtlich herstellen konnten. Über eine dieser Sitzungen schrieb er Erzherzogin Marie Valérie, die sich darüber aber wenig freute. Barker erzählte in dem Brief, daß er »*mittels Tischrücken etc. spiritistisch … durchaus wohltuenden Verkehr mit Mama gehabt* (hatte) … *Wie kann der liebe Gott diese Offenbarung zulassen? Pater Abel sagt, es sei jedenfalls nur teuflischer Spuk … Maria und ich wollen auf den Brief des guten Barker schreiben, er möge sich an einen katholischen Priester wenden.*« (dies., 16. Januar 1899)

Wenn man einmal vom mehr oder minder erfreulichen Erfolg Frederic Barkers bei seiner Kontaktaufnahme mit der toten Kaiserin absieht, birgt dieser Absatz noch eine andere interessante Bemerkung über die Haltung der katholischen Kirche. Denn die hat okkulte Handlungen im 19. Jahrhundert noch immer als »teuflischen Spuk« abgetan. Und das obwohl Hexenverfolgung, Folter und öffentliche Verbrennungen auch damals schon lange der Geschichte angehörten (im 8. Kapitel »Der Exorzist«, S. 127 ff., ist mehr über das Vorgehen der Kirche gegen das »Teufelswerk« nachzulesen). In diesem Zusammenhang sind die Bemerkung Erzherzogin Marie Valéries und auch die geringe Sprechfreudigkeit einiger bis heute strenggläubiger Nachkommen zu verstehen. Die Loyalität zur katholischen Kirche war übrigens der einzige Grund, warum ich manchmal gebeten wurde, ein Erlebnis nicht – oder nur anonym – weiterzugeben.

7.
Kaiser Franz Joseph: »Wecken Sie mich um 5 Uhr!«

Die folgende Geschichte bietet einen unmittelbaren Anschluß an jenes Erlebnis, das die bei Kaiserin Elisabeth Totenwache haltende Gräfin Sztáray hatte. Noch einmal wird auf das Loslösen der Seele vom irdischen Körper Bezug genommen, das erst einige Zeit nach dem tatsächlich eingetretenen Tod stattfindet. Diesmal wurde die Empfindung von mehreren Personen gleichzeitig wahrgenommen: Einige Stunden nach seinem Ableben »verabschiedete« sich Kaiser Franz Joseph von allen, die ihm im Leben nahegestanden hatten.

»Langsam ebbte das Leben im fieberverzehrten Körper Kaiser Franz Josephs ab. Pflichtbewußt hatte er an diesem 21. XI. 1916 – trotz zunehmender Schwäche – bis zum letzten Augenblick an seinem Schreibtisch in Schloß Schönbrunn gesessen und gearbeitet. Tröstend war in der Früh der Segen des hl. Vaters für ihn eingetroffen, und Monsignore Seydl) hatte ihm diesen nach der hl. Wegzehrung gespendet. Auch seinen Erben* (seinen Großneffen und Nachfolger Kaiser Karl) *hatte er noch gesprochen: Wie ungern überließ er ihm das Land in einer so schweren Situation**). Er selbst hatte die Regierung beinahe 70 Jahre zuvor in stürmischen Zeiten übernommen. Es war ihm gelungen, während dieser Zeit die Monarchie zu erhalten und*

---

*) Dr. Ernst (oder Ernest) Seydl war zum Zeitpunkt des Todes von Kaiser Franz Joseph Pfarrer in der Wiener Hofburg.

**) Als Kaiser Franz Joseph im November 1916 starb, befand sich Österreich-Ungarn im dritten Jahr des Ersten Weltkriegs.

den Völkern immer wieder Ruhe und Frieden zu bringen. Aber welchen persönlichen Preis hatte er dafür gezahlt? Diesmal – er wußte es mit der Klarheit des Sterbenden – diesmal würde es nicht mehr gelingen: Revolution, Auflösung des Reiches, namenloses Unglück und Kriege würden kommen ... In seinen letzten Stunden wünschte er nichts inniger, als seinem Nachfolger ein sorgenfreieres Erbe zu überlassen. Neben all den Gedanken, die er sich über die Zukunft des Landes und die des nächsten Kaisers machte, vergaß er aber nicht auf seine persönliche Pflicht. Solange er atmen konnte, durfte sie nicht vernachlässigt werden. Neben ihm stand der Kammerdiener, an den er die seit Jahren täglich gleichlautende Bitte richtete: ›Bitte, wecken Sie mich um 5 Uhr!‹ Und fügte dann hinzu: ›Jetzt möchte ich noch beten ...‹

Der Kaiser schlief ein. Bald ging der Schlaf in Koma über. Monsignore Seydl reichte die letzte Ölung und betete Sterbegebete. Ganz sanft, ohne sichtbaren Todeskampf, umgeben von denen, die er geliebt hatte, hauchte der Kaiser seine schmerzgeprüfte Seele aus. Erzherzog Carl) war neben dem Bett gekniet, als Kaiser Karl*) erhob er sich von dort. Nun lag die schwere Erbschaft auf seinen Schultern.*

Die Beerdigung war für den 28. November festgesetzt. Am Abend zuvor (also am 27. November 1916) *mußte Kaiser Franz Joseph Schönbrunn für immer verlassen. Jenes Schloß, in dem er das Licht der Welt erblickt hatte und in dem er später rastlos über seine Völker wachte. – Nach alter Tradition durfte nur ein kleiner Trupp schwarzgekleideter Würdenträger und Beamter dem verstorbenen Monarchen das letzte Geleit geben. Sein letzter Weg, der nur vom zitternden Schein einiger Fackeln*

*) Der Erzherzog-Thronfolger hieß eigentlich Carl Franz Joseph und schrieb sich bis zur Amtsübernahme als Herrscher von Österreich mit einem »C«. Erst als Kaiser verwendete er die damals modern werdende Schreibung mit einem »K«.

Altersphoto Kaiser Franz Josephs (August 1914 im Park von Schönbrunn). Zwei Jahre später starb der Monarch während des Ersten Weltkriegs im Alter von 86 Jahren.

erhellt wurde, führte durch das schweigende, verdunkelte Wien bishin nach St. Stephan.

Am 26. aber, die Nacht zuvor, konnte der Kaiser noch ein letztes Mal seinen friedlichen, langen Schlaf in den Mauern von Schönbrunn schlummern …

Der 27. begann als grauer Novembermorgen. Plötzlich fuhr Kaiser Karl aus seinem Schlaf auf … Was war geschehen? Ein unendliches Trauergefühl, noch stärker als zuvor empfunden,

Leichenzug anläßlich der Beisetzung Kaiser Franz Josephs. Diese feierliche Zeremonie wird in der katholischen Kirche nicht nur als Abschiednehmen vom Verstorbenen verstanden, sondern auch als ein symbolisches Hinüberbegleiten in ein neues Leben.

erfaßte ihn. Er fühlte aber auch etwas, daß wie eine milde, liebende Greisenhand über sein Herz streicht. Auch ich (Zita, die nunmehrige Kaiserin) *bin aufgeschreckt und habe genau dasselbe gefühlt. Wir haben beide die Gegenwart Kaiser Franz Josephs ganz nahe empfunden, ein sanftes Durchziehen durch den Raum, wie ein letzter Segen. Viele, die diese Nacht wie wir in Schönbrunn geschlafen hatten – Würdenträger, Hofdamen, Lakaien und Dienstboten – waren alle zur selben Zeit und mit einem Schlag aufgewacht. Manche liefen daraufhin zu ihren Zimmernachbarn, um nachzufragen, was denn geschehen sei, andere rissen die Fenster auf, in der Meinung, daß ein Lärm von draußen sie aufgeweckt hatte. Manche dachten, ein Erdbeben wäre die Ursache ihres plötzlichen Aufwachens gewesen. Aber es war nichts von alledem vorgefallen. Es war nur 5 Uhr morgens, also genau die Zeit, um die der alte Kaiser täglich aufgestanden war.«* (undatierte Niederschrift Kaiserin Zitas)

8.
Der Exorzist

Jeder, der diesen Titel liest, wird sofort an den gleichnamigen amerikanischen Gruselfilm denken, der vor einigen Jahren in den Kinos lief und die Besucher damals monatelang in Bann hielt. Ich habe ihn nicht gesehen, kenne nur die dramatischsten Bilder, die man für Werbezwecke verwendete, kann mir aber sehr gut vorstellen, in welchem Rahmen sich das Werk abgespielt hat. Wer darin allerdings wem den Teufel ausgetrieben hat, vermag ich nicht nachzuerzählen. Ich möchte die Bekanntheit dieses Filmes aber dafür nutzen, um eine Verbindung mit der viel unbekannteren Wirklichkeit herzustellen. Denn es gibt auch in unseren Tagen besessene Personen, Dinge oder Plätze, die – um sie davon zu befreien – von dafür eigens geschulten Fachkräften exorziert werden (wobei man unter Exorzieren die Beschwörung eines befallenen Menschen oder einer befallenen Stelle mit Hilfe einer überirdischen Gegenmacht versteht). Dieser Vorgang ist in beinahe allen Weltreligionen bekannt, in der katholischen Kirche wird er seit Jahrhunderten angewendet. Im Christentum wird der Dämon – oder der oder das vom Dämon Befallene – im Namen Jesu oder Gottes aufgefordert, den Menschen oder die Sachen, die er ›besessen‹ hat, zu verlassen (es ist müßig, darauf hinzuweisen, daß dieses Verfahren in unseren Tagen wie in der Epoche Kaiser Franz Josephs nicht nur von Könnern, sondern auch Gaunern und Schwindlern betrieben wurde).

Als der Geisterglaube im 19. Jahrhundert mit einem Mal so stark in Mode kam und die Nachfrage nach Spiritisten, Exorzisten und allen Arten von okkulten Meistern sprunghaft anstieg, daß die seriösen Fachleute nicht mehr mit ihrer Arbeit nachkamen, tauchten bald etliche selbsternannte Beschwörer auf, die die Gunst der Stunde nutzen wollten. Besonders blühte das Geschäft auf Jahrmärkten, und es läßt sich leicht denken, wieviel Unfug und Schaden dabei angerichtet wurde. In der Folge war es wieder einmal die katholische Kirche, die da Aufklärarbeit leistete und ziemlich im Alleingang gegen den oberflächlichen, unkontrollierten und hauptsächlich von Scharlatanen betriebenen Okkultismus zu Felde zog. Dieses Einschreiten gegen unrechtmäßig arbeitende Spiritisten bedeutet aber nicht, daß die katholische Religion Erscheinungen und die Welt des Jenseits anzweifelte. Ganz im Gegenteil gehört der Glaube daran zu den wichtigsten Grundsätzen ihrer Lehre. Und – noch einmal im Gegenteil – stellt die Kirche bis heute einen der wichtigsten Mittler zwischen diesen beiden Welten dar. Besonders dann, wenn es darum geht, besessene Menschen oder Orte von Dämonen zu befreien. Während man die Behandlung von Personen als Exorzieren bezeichnet, nennt man das Gegenbehandeln von Orten durch ein ausgebildetes Mitglied der katholischen Kirche als »Ausweihen«.

Die folgende Geschichte eines sogenannten »besessenen Platzes« wurde mir von Nachkommen der österreichischen Kaiserfamilie erzählt. Sie hat sich während der 20er- und 30er-Jahre des vorigen Jahrhunderts in einem bestimmten Trakt eines Schlosses abgespielt und die dortigen Bewohner wochenlang um ihre Nachtruhe gebracht. Alle Erscheinungen wurden von verschiedenen Personen, von der Kammerfrau bis zu den Schloßbesitzern – mehrmals, unabhängig voneinander und auch zu verschiedenen Tageszeiten – wahrgenommen. Hauptsächlich handelte es sich um ein ständig wiederkehrendes Poltern, laute Schritte, hastendes Laufen, Stöhnen, Türenöffnen und -wiederzuschlagen, Umfallen von Gegenständen, Zusammenkrachen von Schränken und ähnliche Ereignisse – also alles akustische Phänomene, die der Kategorie des Spuks zuzuordnen sind. Nur zwei Personen, ein Kunsthistoriker und eine Historikerin, wurden je einmal – unabhängig voneinander aber im selben Raum desselben Schlosses – Zeugen einer figuralen Erscheinung. Nachdem die beiden ihre Eindrücke ausgetauscht und einander die weibliche Gestalt beschrieben hatten, kamen sie zu dem Schluß, daß sie dieselbe Figur gesehen hatten.

Alle Wahrnehmungen wurden immer nur während einer bestimmten Jahreszeit gemacht. Ganz genau waren es einige Wochen im September und im Oktober, während anderer Monate kam es niemals zu paranormalen Erscheinungen. Die Schloßbesitzer waren darüber ratlos und wagten lange nicht, jemandem davon zu erzählen. Sie haben sich aber persönlich Abhilfe geschaffen, indem sie das Gebäude während der beiden Monate mit dem Großteil ihres Personals verließen. Nur einige ganz Hartgesottene trotzten der herbstlichen Flucht. Darunter auch eine langdienende Kammerfrau, typische Vertreterin ihrer Erziehung und ihrer Generation, die sich durch Erscheinungen wie diese das Weiterleben im Schloß nicht verdrießen ließ. Anders ging es da einem während der bestimmten Zeit anwesenden männlichen Jagdgast, der in der Nacht durch anhaltendes lautes Klopfen und Poltern keinen Schlaf fand und nun bei der benachbarten Kammerfrau um Hilfe bat. Auf die Frage, ob er nicht in ihrem Zimmer schlafen dürfte, antwortete die nicht mehr sehr junge Frau, daß dieses Ansinnen einer Dame gegenüber ungebührend sei. Der Graf, ohne Zweifel ein Ehrenmann, wollte sich mit der Antwort trotzdem nicht abfinden und bettelte weiter um die Gesellschaft der Kammerfrau. Schließlich fand sie sein Verhalten so übertrieben, daß sie ihn anherrschte, sich endlich niederzulegen und zu schlafen. Er bräuchte sich auch nicht weiter aufzuregen, denn das, was er höre, sei ohnehin nur der Geist*).

Im Verlauf der 50er-Jahre hat sich ein Mitglied der Familie dann doch ein Herz gefaßt und dem Hausgeistlichen vom stets wiederkehrenden, frühherbstlichen Spuk erzählt. Der Mann, dem solche Phänomene bekannt waren, riet zum Ausweihen des bestimmten Schloßflügels durch einen ausgebildeten Kollegen. Das geschah dann auch, woraufhin dann sowohl das Poltern und Lärmen als auch das Erscheinen der Dame ein für allemal ein Ende hatte.

Die folgende Geschichte über eine ebenfalls ortsgebundene Erscheinung hat mir ein Förster, der im Dienst von Habsburger Nachkommen steht, erzählt. Der Mann, der einer bäuerlichen Familie entstammt, hat in seiner Jugend unter einer furchtbaren nächtlichen Erscheinung gelitten, die ihn wiederkehrend heimsuchte. Er beschrieb sie als schwarze, trollartige Figur mit rotglühenden Augen, die sich immer kurz nach dem Zu-Bett-Gehen auf seinen Brustkorb setzte und einen derartigen Druck verursachte, daß er beinahe nicht atmen konnte. Aus Angst, deswegen verspottet zu werden, hat er weder als Kind noch als Jugendlicher gewagt, mit jemandem über den »Drud«**) zu sprechen. Erst als Erwach-

---

*) Der originale, in der Familie bis heute erhalten gebliebene Wortlaut der aus dem Schwabenland stammenden Frau lautete: »S'isch nur der Geischt!«

**) Das ist die volkstümliche Einzahl-Form für »Druden«, also jene Geister, die Alpträume verursachen. Im Volksgebrauch werden als Abhilfe und zum Schutz dagegen das »Drudenkreuz« und das Pentagramm (der fünfeckige, in einem Zug gezeichnete Stern) verwendet.

sener hat er seinem Vater davon erzählt, der – als er früher an derselben Stelle schlief – dieselbe Erscheinung hatte. Schließlich fand sich noch eine Verwandte, die auch einmal diesen Schlafplatz gehabt und dieselbe Erfahrung gemacht hatte. Meine Frage, ob man den Platz inzwischen auf irgendeine Art gegenbehandelt oder ausgeweiht hat, wurde verneint. Allerdings hatten die Leute das Problem inzwischen selbst in den Griff bekommen. Die Bettstelle wurde verlegt, und an den besessenen Platz hat man einen großen Schrank gestellt. Seither leben die Bewohner des Hauses ruhig und zufrieden, denn alle anderen Plätze des Hauses sind frei von Erscheinungen. Was mir allerdings nicht erzählt wurde (vielleicht hat man das auch noch nicht überprüft), ist, was sich seit Verlegung des Betts während der Nachtzeit im Kasten abspielt.

Wie arg es nämlich auch in Schränken zugehen kann, kann der folgenden Geschichte entnommen werden, die einer der innigsten Vertrauten der österreichischen Kaiserfamilie erlebte. Graf Hans Wilczek, dessen Familie in engem Kontakt zu Kaiserin Elisabeth und ihrem Sohn Rudolf stand, hat sich nämlich mit dem Erwerb eines Kastens den Spuk ins Haus geholt. Und darin scheint niemand geringerer als der verstorbene Kronprinz selbst sein Unwesen getrieben zu haben. »Merkwürdig jedenfalls ist's … daß sich auch der Kronprinz Rudolph, nachdem er sich in Mayerling erschossen hatte … akustisch bemerkbar gemacht haben soll, und zwar in dem der Hofburg benachbarten Palais Wilczek*). Er war mit einem Grafen Hans Wilczek befreun-

*) Das barocke Palais, das sich bis heute im Besitz der Grafen Wilczek befindet, hat seinen Eingang in der Herrengasse (Hausnummer 5). Das Gebäude reicht an der Westseite bis an die neben der Hofburg verlaufende Schauflergasse und war in früheren Zeiten unterirdisch mit der Burg verbunden.

Kronprinz Rudolf im Januar 1889, wenige Tage vor dem Selbstmord in Mayerling. Schon kurz nach seinem tragischen Tod scheint er in einem Schrank auf das ärgste rumort und gespukt zu haben.

det gewesen, und nach der Tragödie von Mayerling hatte dieser Wilczek einen Schrank aus dem Besitze des Kronprinzen entweder geerbt oder zur Erinnerung käuflich an sich gebracht, kurz, der Schrank war in das Palais Wilczek hinübergeschafft worden. Kaum aber hatte man ihn hingestellt, als es in ihm aufs widerwärtigste zu rumoren und zu lärmen begann, und zwar nicht nur an einem einzigen Tage oder Abend, sondern an mehreren aufeinanderfolgenden Abenden. Schließlich faßte sich der alte Wilczek ein Herz und rief dem Schranke zu: ›Wenn es der Kronprinz ist, der in dir so lärmt, so soll er sein Lärmen einstellen!‹, worauf der Schrank tatsächlich nicht weiterrumorte. Nun zerschlugen und zerhackten Wilczeks und seine Freunde den Schrank und verbrannten ihn.« (Lernet-Holenia, S. 266)

9.
Kronprinz Rudolf: Prophezeiungen, Spuk und ewige Messen

Wenn man sich die Leidenschaft Kaiserin Elisabeths für Spiritismus vor Augen hält und über ihre diesbezüglichen Erfahrungen liest, wird niemand überrascht sein, wenn er hört, daß sich auch ihr Sohn, Kronprinz Rudolf, für die außersinnliche Welt interessierte. Wie seine Mutter nahm er an spiritistischen Sitzungen teil, da er wie sie eine große Leidenschaft für Außergewöhnliches und sogar Abnormes hegte. Was man sich unter letzterem vorstellen soll, wird ein »normal denkender Mensch« kaum nachvollziehen können: Sowohl die Kaiserin als auch ihr Sohn konnten sich an kranken und mißgebildeten Gestalten nicht sattsehen. Wenn das zur Lebenszeit der beiden auch eine etwas geläufigere »Unterhaltung« darstellte als heute, so wäre es falsch anzunehmen, daß alle Habsburger – oder alle europäischen Fürsten – diese Leidenschaft mit ihnen teilten. Denn das Vorführen von geistig Kranken, von verwachsenen Menschen, Riesen, Zwergen, Affenmenschen oder siamesischen Zwillingen war auch damals ein eher absonderlicher Zeitvertreib. Da sich Elisabeth und Rudolf bei der Nachfrage nach »frischem, krankem Menschenmaterial« nicht immer in den seriösesten Berufskreisen bewegten, wurden sie im Gegenzug auch häufig Opfer von Gaunern, die es sich ihrerseits zum Spaß machten, sich über die kaiserliche Familie zu »unterhalten«. Denn ausgerechnet diese beiden Habsburger, die so gerne inkognito unterwegs waren, wurden beinahe von allen Menschen erkannt und wohl auch deshalb gerne betrogen.

Wie und wobei Kronprinz Rudolf auf eine völlig andere Art »erkannt« wurde und dabei ungewollt Opfer einer Prophezeiung wurde, ist der folgenden Geschichte zu entnehmen, die aus dem schriftlichen Nachlaß Kaiserin Zitas stammt: »*Was den meisten Kronprinzen zu seiner Zeit verwehrt geblieben war, Land und Leute außerhalb des eigenen Haushaltes kennenzulernen, ist Kronprinz Rudolf in reichem Maße zugute gekommen. Kaiser Franz Joseph war der Überzeugung, daß dies zur unumgänglichen Erziehung eines zukünftigen Monarchen gehörte und ermöglichte deshalb seinem Sohn unzählige Reisen. Unter anderem wurde er einmal nach Schweden geschickt. Unter den Herren, die Kronprinz Rudolf damals begleiteten, befand sich auch Graf Olivier Wallis, Bruder des Erziehers von Carl*), Graf Georg Wallis. Als ersterer von seiner Reise zurückkehrte, erzählte er letzterem ganz im Vertrauen eine Begebenheit, die tiefen Eindruck auf ihn gemacht hatte.*

Im Verlaufe eines Ausfluges in einem ganz entlegenen Teil des Landes hörte jemand aus dem Gefolge, daß sich nahe ihnen eine Frau, eine einfache Bäuerin, befinde, die den Leuten die Zukunft voraussage. Sofort wurde der Beschluß gefaßt, sie aufzusuchen. Man fand die Idee äußerst spaßig. Der Kronprinz schärfte den Gefolgsleuten ein, seine Herkunft nicht zu verraten und ihn nur als ein Mitglied der Reisegruppe zu behandeln. Die Frau sollte keine Ahnung bekommen, wer sie alle waren. So geschah es dann auch. Sie trafen die Bäuerin außerhalb ihres Hofes, ich glaube bei den Tieren, an. Sie hatte wahrlich keine Ahnung von der Identität ihrer Besucher und wußte auch nichts

*) Mit »Carl« ist der Ehemann Zitas, Kaiser Karl, gemeint. Zur verschiedenen Schreibung seines Vornamens s. S. 124.

Kaiser Karl, Großneffe und direkter Amtsnachfolger Kaiser Franz Josephs. Wie die schwedische Seherin es vorausgesagt hatte, wurde nicht Kronprinz Rudolf, sondern er der letzte Regent Österreichs.

von dem hohen Besuch in Schweden). Sie frug* (sic) *bald, aus welchem Land die Herren kamen, worauf man ihr erwiderte: Aus Österreich. ›Wie geht es Kaiser Karl?‹ frug die Frau. Einer der Männer antwortete, der Kaiser heiße Franz Joseph, während sich die anderen nur mit Mühe das Lachen verbeißen konnten. Die Frau entgegnete, sie wisse, daß jetzt Kaiser Franz Joseph regiere, doch nach ihm käme Kaiser Karl dran. Und mit dieser Meldung wandte sie sich an den ganz im Hintergrund sich haltenden Kronprinzen. Einer seiner Begleiter rief dazwischen: ›Der nächste Kaiser heißt aber Rudolf!‹ – ›Nein,‹ antwortete die Seherin sehr fest, ›der nächste Kaiser heißt Karl‹. Während alle*

---

*) Das ist leicht vorstellbar. Wenn diese Frau weit weg von einer Stadt als einfache Bäuerin lebte, war sie vermutlich Analphabetin (also nicht fähig, eine Tageszeitung zu lesen) und hat in einer Zeit ohne Telekommunikation auch sicherlich nichts von dem Besuch gewußt.

anderen widersprachen und ihr sagten, daß sie, die sie aus diesem Land stammten, genau wüßten, wie ihr zukünftiger Kaiser heiße, ging sie direkt auf den Kronprinzen zu, der sich hinter einem seiner Gefolgsleute verdeckt hielt. Sie verneigte sich vor ihm, sah ihn bedeutungsvoll an und sagte dann: ›Grüßen Sie mir Kaiser Franz Joseph!‹ Damit entfernte sie sich von ihnen.

Der Gesichtsausdruck dieser einfachen Frau, die Art, wie sie den versteckten Kronprinzen herausgelesen und sich vor ihm als einzigen verbeugt hatte, machten die Spötter verstummen. Dann plötzlich begannen sie, im Bestreben das Peinliche der Situation zu verwischen, doppelt peinlich, weil sie bemerkten, daß der Kronprinz das alles gar nicht komisch fand, die Frau zu necken und sich über das Gesagte lustig zu machen. Am Abend dieses Tages fand Graf Olivier Wallis den Kronprinzen in tiefe Gedanken versunken. Er riet ihm, nicht an solche Prophezeiungen zu glauben, die ohnehin niemals einträfen. Die Frau sei keine Seherin, sondern eine einfache Bäuerin. Der Kronprinz erwiderte aber: ›Lieber Graf Wallis, ich glaube, die Frau hat die Wahrheit gesagt. Nach meinem Vater wird wohl ein Kaiser Karl regieren. Wer von meinen Verwandten es sein wird, weiß ich nicht. Mein Onkel vielleicht?) Es ist nicht das*

*) Zur Zeit, als Kronprinz Rudolf lebte, lautete die Thronfolge nach Kaiser Franz Joseph und ihm: Erzherzog Carl Ludwig (das war der älteste überlebende Bruder des Kaisers, der nach dem Tod Rudolfs tatsächlich Thronfolger wurde und später auch ein »Kaiser Karl« geworden wäre), dann Erzherzog Carl Ludwigs ältester Sohn Franz Ferdinand. Er wurde nach dem Tod seines Vaters ebenfalls Thronfolger. Zur Lebenszeit seines Vetters Rudolf war er noch unverheiratet. Da man davon ausging, daß er einmal eine standesgemäße Ehefrau heiraten würde, lag die Vermutung nahe, daß ihm ein männlicher Nachkomme als Kaiser folgen würde. Da Erzherzog Franz Ferdinand im Jahr 1900 eine nach Habsburger Hausgesetz unstandesgemäße Ehe einging, die seine Söhne von der Thronfolge ausschloß, fiel das Erbrecht – aber erst dann – an seinen ältesten Neffen: Das war Erzherzog Carl Franz Joseph, der als Kaiser Karl der letzte Herrscher Österreichs wurde.

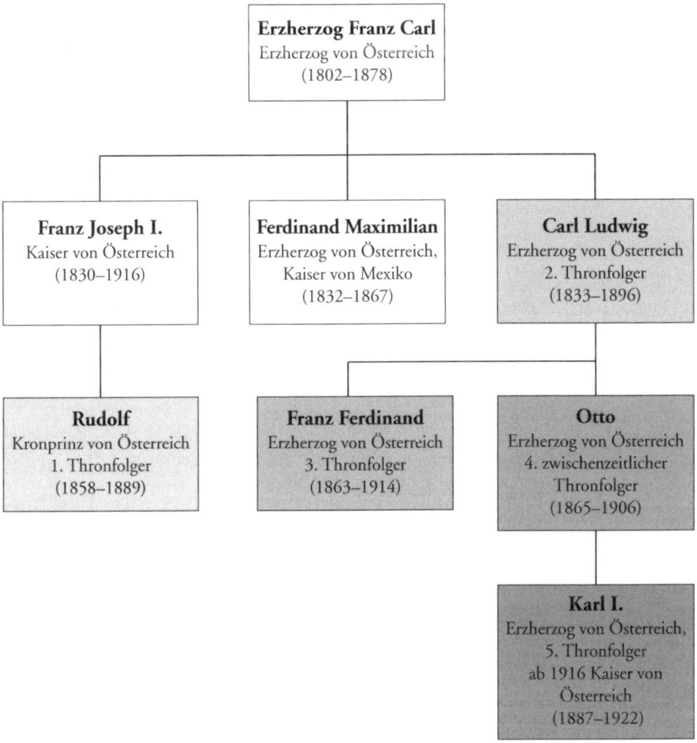

Stammbaum: Männliche Thronfolge nach Kaiser Franz Joseph aller der Reihe nach in Betracht kommender Erzherzoge (aus der Zeit vor dem Tod Kronprinz Rudolfs, vor 1889).

erste Mal, daß mir das gesagt wird. Ich bin mir ganz sicher, daß die Frau die Wahrheit gesprochen hat.‹

Diese Geschichte hat mir (Kaiserin Zita) *Graf Georg Wallis erzählt.«* (dies., undatierte Niederschrift)

Wie aus der Geschichte hinlänglich bekannt ist, folgte Kronprinz Rudolf seinem Vater Kaiser Franz Joseph nicht auf den Thron, sondern beging – aus bis heute nicht ganz geklärten Umständen – Selbstmord in seinem Jagdschloß in

Mayerling. Diese Tat und der Umstand, daß er auch noch die ihn begleitende Baronin Mary Vetsera mit in den Tod nahm, hat die tiefgläubige hinterbliebene Familie in einen argen Konflikt gestürzt. Man wußte nicht, wie man sich in der Öffentlichkeit – vor allem der Presse gegenüber – verhalten sollte, was man sagen und was man besser verschweigen sollte. Vor allem wagte lange niemand zu bestimmen, was mit dem Haus, in dem sich die Tragödie ereignet hat, weiter geschehen sollte. Kaiserin Zita, die erst Jahre nach dem Unglück in die Familie einheiratete, hat sich für den Fall immer sehr interessiert und schon bald begonnen, so viele Zeitzeugen wie möglich zu den Ereignissen rund um Mayerling zu befragen. Nachdem man ihr auch noch einiges Merkwürdiges über später auftretende Erscheinungen erzählte, steigerte sich ihr Interesse daran. Sie hat alles, was sie in Erfahrung bringen konnte, auf Handzetteln notiert und später zur folgenden Geschichte zusammengefaßt (die ursprüngliche Zettelkartei ist leider verlorengegangen).

»Südlich von Wien liegt in einer hübschen Landschaft still und friedlich der Ort Mayerling, in dem sich einst das furchtbare Drama ereignete. Als man ein wenig Abstand zu der Tragödie bekommen hatte, fragte man sich, was aus dem ehemaligen Jagdschloß werden würde. Daß dort jemals wieder Jagdpartien stattfinden würden, glaubte ohnehin niemand mehr. Nachdem man eine gewisse Frist abgewartet hatte, faßte sich der Obersthofmeister ein Herz und fragte den Kaiser darüber, wie man das Landhaus in Zukunft verwenden solle. Den Schmerz über den Verlust seines Sohnes konnte er sein Leben lang nicht mehr verwinden, doch wünschte er sich, daß für den Verlorenen in Gebeten und Meßopfern gedacht würde. Nachdem der Kaiser das Jagdschloß zunächst niederbrennen lassen wollte, beschloß er

dann aber, Mayerling den Karmelittinnen) zu schenken, die dort – in einer Stiftung für die Ewigkeit**) – bis ans Ende der Zeiten für das Seelenheil seines Sohnes beten sollten.«* (dies., undatierte Niederschrift)

Diese Bestimmung scheint sich sogar auf einen Wunsch des Kronprinzen bezogen zu haben, der vor seinem Freitod eine ähnlich lautende Verfügung niederschrieb. In seinem Sterbezimmer fand man *»ein Telegramm an den Prior der Zisterzienser in Heiligenkreuz … worin er ihn bittet, sogleich nach Mayerling zu kommen, um mit den Mönchen an seiner Leiche zu beten. Dies geschah dann auch; – zeigt dies aber nicht wieder auf die merkwürdigen, ungeregelten, aber doch das Gute suchende Begriffe, welche seine Seele bis zum letzten Augenblick erfüllten?!«* (Marie Valérie, 8. Juni 1889)

Kurz, nachdem Kaiser Franz Joseph die ehemalige Jagdvilla seines Sohnes zum Kloster bestimmt hatte, wurde mit dem Umbau begonnen. Und schon neun Monate nach der Tragödie, am Allerseelentag des Jahres 1889, wurde in seiner Anwesenheit eine Einweihungsmesse gefeiert. Sie fand in dem zur Kapelle umgestalteten Sterbezimmer des Kronprinzen statt. Um diese Zeit sind auch die Karmelittinnen in das Gebäude eingezogen. *»Doch kaum wohnten die Frauen im Haus, nahmen sie auch schon die ersten Störungen wahr. Eine*

---

*) »Karmelittinnen« sind geistliche Schwestern, die einem katholischen Frauenorden angehören.

**) Vgl. dazu auch die Tagebucheintragung Erzherzogin Marie Valéries, der Schwester des Kronprinzen: *»Um 1/2 10 Uhr fuhren Papa, Mama und ich zu Bahn nach Baden, um von da in zwei Fiakern nach Mayerling zu fahren. Waldige Hügelgegend, immer zwischen dem plätschernden Bach und dem ziemlich steilen Bergeshang – überraschend schön. Wäre doch auch Rudolfs Grab hier draussen, wo die Karmeliterinnen* (sic) *ihr ganzes Leben und Sterben für den Frieden der Seele aufopfern, Tag und Nacht an der Stelle der Sühnung betend.«* (Marie Valérie, 30. Januar 1890, am ersten Todestag Kronprinz Rudolfs).

*alte, schwere Eichentüre im Refektorium wurde in der Nacht, wenn niemand mehr unterwegs war, laut polternd zugeschlagen. Und eiliges Laufen und Stampfen ließ die Klosterfrauen oft aus ihrem ohnehin kurzen Schlaf aufschrecken. Auf Bitte der Schwestern wurde das Kloster exorziert, woraufhin auch wirklich Ruhe eintrat. Nur leise, bescheidene Klopflaute waren geblieben, die die Frauen an Gebete für den Kronprinzen erinnerten. Oftmals begab sich die eine oder andere Klosterfrau noch in der Nacht auf einen Extrakreuzweg, weil leise und bittend an ihre Türe geklopft worden war. Da die Schwestern genau wußten, wer der Urheber all dieser Klopflaute war, wandten sie sich manchmal auch an ihn, wenn sie besondere Unterstützung benötigten. Sie versprachen – wenn er ihnen hilfreich zur Seite stand – außer dem gewöhnlichen Gebet noch besondere Ablaßgebete für ihn zu verrichten. Und die erbetene Hilfe wurde prompt erfüllt. *)*

Pater Andlau hat mir (Kaiserin Zita) *diese Geschichte erzählt. Er war oft draußen in Mayerling gewesen und hatte mit den Klosterfrauen über den Teufelsspuk und über den bittenden Kronprinzen gesprochen, an deren Erlebnissen er niemals zweifelte.«* (dies., undatierte Niederschrift)

Zu den Ereignissen rund um Mayerling gibt es eine noch nie veröffentlichte Geschichte, die sich gut an die frühere anfügen läßt. Eine Nachkommin der österreichischen Kaiserfamilie**) – sie ist die Ich-Erzählerin des folgenden Textes – hat sie im Jahr 1951 erlebt und im Zug ihrer späteren

---

*) Kaiserin Zita versah diesen Absatz noch mit einer eigenen Notiz über die Ordensbestimmungen der Karmelittinnen: Gemäß ihren Regeln, die ein Leben in Armut vorsehen, hat es durch stete Gebete und jederzeitige Opferbereitschaft ausgefüllt zu sein.

**) Die Nachkommen der mittlerweile verstorbenen Erzherzogin baten um anonyme Wiedergabe der Geschichte.

Kaiserin Zita (mit Kronprinz Otto) anläßlich der Krönung Kaiser Karls zum König von Ungarn. Der verwitweten Kaiserin hat ein Pater die Geschichte vom Kronprinz Rudolfs-Spuk in Mayerling erzählt.

Nachforschungen und Ermittlungen niedergeschrieben. »*Msgr. Hauck* (Msgr. = Monsignore, Anrede eines katholischen Geistlichen) *hatte in Wien gehört, daß die Finanzabteilung der Erzdiözese die Schäden im Karmelittinnen-Stift in Mayerling nicht mehr reparieren möchte, da dies zu viele Kosten verursachen würde. Der betreffende Geistliche sagte Msgr. Hauck, man würde noch Elisabeth Windisch-Graetz*)*

*) Elisabeth Windisch-Graetz, die damals 68 Jahre alt, zum zweiten Mal verheiratet gewesen war und eigentlich Petznek hieß, war das einzige Kind Kronprinz Rudolfs und als mehrfache Erbin nach Eltern und Großeltern unermeßlich vermögend. Sie war aber anläßlich ihrer zweiten Heirat Mitglied der sozialistischen Partei geworden und in Zusammenhang damit weder bereit, die katholische Kirche noch ein habsburgisches Familienprojekt finanziell zu unterstützen. Selbst ihren Kindern hinterließ sie nur den ihnen nach Gesetz zustehenden Pflichtteil, das riesige Gesamtvermögen hat die Enkelin Kaiser Franz Josephs der Republik Österreich vermacht.

um finanzielle Unterstützung bitten, wenn sie nichts gäbe, wollte man ein paar andere Habsburger fragen. Wenn niemand etwas spende, müßte man das Kloster auflassen und die dort lebenden Klosterfrauen auf andere Karmelittinnen-Häuser aufteilen. Man wollte diese Last endlich loswerden. Als mich Msgr. Hauck das nächste Mal besuchte, sprach er wieder darüber. Ich hatte mich inzwischen schlau gemacht und sagte ihm, daß man – so viel ich herausbekommen hatte – das Kloster nicht so mir-nichts-dir-nichts auflassen konnte. Denn laut eines Stiftungsbriefes müßten dort ewig Messen zum Gedenken des Kronprinzen gebetet werden. Niemand wußte aber, wo dieser Brief abgeblieben war. Die Erzdiözese besaß ihn nicht, weshalb ich vorschlug, im ehemaligen Haus-, Hof- und Staatsarchiv in Wien nachzuforschen. Das alles besprach ich auch mit meiner Cousine A., die in Wien wohnte, und meinte noch: Kronprinz Rudolf sollte sich wehren und beim Kardinal einen Riesenradau schlagen.

Meine Cousine bot an, eine Bekannte im nunmehrigen Wiener Staatsarchiv um Hilfe bei der Suche nach dem Stiftungsbrief zu bitten. Die Geschichte gestaltete sich aber außerordentlich kompliziert, und als A. das nächste Mal zu mir kam und wir über das unverständliche Desinteresse der Kirche an dem Fall sprachen, wünschte ich dem Kardinal wieder einmal einen Besuch des Kronprinzen. Am darauffolgenden Abend, es war einer der letzten Septembertage des Jahres 1951, lag ich bereits im Bett, als es von draußen laut klopfte. Da mein Mann krank war, ging ich – anstatt »Herein!« zu rufen – zur Türe, um den Besucher gleich dort zu empfangen. Dort sah ich niemanden, wohl aber hörte ich, daß die Türe zum Vorplatz geöffnet wurde. Ich konnte niemanden erkennen, ging aber sofort nach, aber auch am Vorplatz war niemand zu sehen. Daraufhin überprüfte ich den Gang, die

Kronprinz Rudolf mit seiner Ehefrau, Prinzessin Stephanie von Belgien. Unter allen Habsburger Toten scheint er sich bis heute am häufigsten »wiederzumelden«.

Küche, den Salon, aber auch dort war niemand zu finden. Das wunderte mich alles sehr, denn niemand konnte mir am Gang so rasch entkommen sein, außerdem hatte ich volle Sicht auf den Vorplatz, und der war ganz leer. Unverrichteter Dinge kehrte ich zurück. Im Vorraum brannte Licht, und auf dem Tisch lag – wer hatte ihn dort hingelegt? – ein fürstlicher Hofgotha). Ich schloß hinter mir die Türe (es konnte jetzt bei*

*) Mit »Hofgothas« sind jene genealogischen Nachschlagewerke gemeint, in denen alle *lebenden* Familienmitglieder einer fürstlichen, gräflichen, freiherrlichen oder adeligen Dynastie eingetragen stehen. Ein Band umfaßt jeweils eine

geschlossenen Fenstern also auch keinen Luftzug mehr geben), als auf einmal der Gotha in einem Bogen vom Tisch wegstrich – etwa 1 $^{1}/_{2}$ Meter parallel zum Boden –, sich im Flug öffnete und vor meinen Füßen beinahe lautlos landete. Ich hob ihn sofort auf. Die offene Seite gehörte zum Kapitel »Haus Österreich« und zeigte die Nachkommenschaft Kaiser Franz Josephs, nämlich Kronprinz Rudolf, seine Frau und seine Tochter, gefolgt von den Töchtern Erzherzog Friedrichs. Ich dachte sofort daran, jemand würde sich »anmelden« (damit ist das Auf-sich-aufmerksam-Machen eines Verstorbenen gemeint), *weshalb ich mit meinem Mann ganz genau die Namen auf dieser Doppelseite durchging. Ich fand auf den beiden Seiten aber* (außer Kronprinz Rudolf) *nur Lebende. Mein Mann teilte meine Meinung von der Botschaft aus dem Jenseits, da er auch ganz laut das Klopfen gehört hatte und*

Abteilung, also z.B. »Fürstenhäuser«, der – um ihn von den anderen (blauen und grünen) Standesgruppen zu unterscheiden, farblich anders (rot) gebunden ist. Wenn ein Mitglied einer Familie stirbt, wird im folgenden Band einmal sein Tod verzeichnet, dann unterbleibt die Eintragung seines Namens. Gothas sind im deutschen Sprachraum seit dem frühen 19. Jahrhundert erschienen und werden bis heute ständig auf den neuesten Stand gebracht (wobei dann Hochzeiten, Scheidungen, Geburten, Todesfälle, Familienausschlüsse etc. neu eingetragen werden). Da die Anzahl der darin genannten Personen in unseren Tagen einen riesigen Umfang angenommen hat, können nicht in jeder Neuerscheinung die Daten aller Familien einer bestimmten Abteilung aufgenommen werden. So erscheinen die jeweils auf den neuesten Stand gebrachten Eintragungen, die z.B. die Habsburger betreffen, nur etwa alle zehn bis zwölf Jahre. »*Den* Gotha«, so wie er im Sprachgebrauch vorkommt, gibt es also nicht, sondern nur eine mittlerweile unendlich lang gewordene Reihe von Büchern. Der genaue Wortlaut eines Bandes heißt heute »Genealogisches Handbuch des Adels« und dann im Untertitel z.B. »Genealogisches Handbuch der fürstlichen Häuser«, wenn es sich um regierende oder ehemals regierende Familien handelt. Die Bücher werden in unseren Tagen in Limburg an der Lahn herausgegeben, wurden früher aber in Gotha gedruckt, aus welcher Zeit die noch wesentlich gebräuchlichere Bezeichnung stammt.

sich auch gewundert hatte, warum ich vor der Türe mit niemandem sprach. Als wir später meiner Cousine den Vorfall erzählten, sagte sie sofort, daß das wohl ein Zeichen Kronprinz Rudolfs gewesen war, der an den Stiftungsbrief und unser Versprechen erinnerte. A. ist bald wieder nach Wien gefahren und hat dort sofort ihre Bekannte im Staatsarchiv aufgesucht, die nun wieder nach dem Brief sucht.« (Niederschrift einer Habsburgerin)

Leider bricht die Geschichte hier ab, und keiner der Nachkommen weiß, welchen weiteren Verlauf sie genommen hat. Da das Karmelittinnenkloster in Mayerling aber immer noch besteht, scheint das beharrliche Vorgehen der Familie die Kirchenherren letztendlich überzeugt zu haben. Vielleicht hat man das im Text angesprochene Dokument, den Stiftungsbrief, aber auch tatsächlich in einem der Archive gefunden.

Um das Kapitel über paranormale Phänomene rund um den Tod Kronprinz Rudolfs abzuschließen, soll im folgenden noch eine letzte – wohl zu Beginn des 19. Jahrhunderts ausgesprochene – Prophezeiung angeführt werden. Darin wurde der tragische Tod all jener Menschen vorausgesagt, die nacheinander Besitzer einer bestimmten säkularisierten Abtei auf der Insel Lacroma waren. Und das war eine Zeit lang auch Kronprinz Rudolf. Seine jüngste Schwester, Erzherzogin Marie Valérie, hat die Geschichte der Prophezeiung in ihr Tagebuch aufgenommen, wollte aber für ihren Wahrheitsgehalt nicht bürgen. »*Wiederhofer* (s. S. 40) *erzählt scherzweise: die Benediktiner* (geistliche Mitglieder eines katholischen Männerordens), *denen früher die Insel Lacroma gehörte, hätten, als dort das Stift aufgehoben worden sei, einen Fluch getan, dass alle Besitzer desselben auf eine tragische Art enden sollten. Dies traf bei der ersten Familie schon ein, die alle*

»Onkel Max«, nächstältester Bruder Kaiser Franz Josephs und Kaiser von Mexiko. Gemälde »Die letzten Augenblicke ...« anläßlich seiner Hinrichtung im Jahr 1867.

durch Mord oder Selbstmord endeten. Dann kam der Besitz an Onkel Max). Dann gab es eine Ausnahme – ein Bankier, der noch lebt, und darum verlacht Wiederhofer die ganze Sache – und endlich an Rudolf. – Da ich glaube, gehört zu haben, dass die Insel jetzt an Papa kommt, sagte ich, ich müsse die Sache Mama sagen, worauf Wiederhofer dringend bat zu schweigen, bis er Authentisches darüber sagen könne ...«* (Marie Valérie, 2. Juni 1889)

*) Mit »Onkel Max« ist der nächstälteste Bruder Kaiser Franz Josephs gemeint. Erzherzog Ferdinand Maximilian, wie er mit vollem Namen hieß, wurde 1864 Kaiser von Mexiko. Wenig später hat man ihn wieder abgesetzt und ihn 1867 in Quereitaro standrechtlich erschossen.

10.
Erzherzogin Elisabeth und die Poltergeister) von Schloß Schönau*

Zu den spannendsten außersinnlichen Wahrnehmungen, die je ein Mitglied der kaiserlichen Familie erlebte, gehören die spiritistischen Experimente in Schloß Schönau**) an der Triesting. Und zwar nicht nur, weil sie so zahlreich aufgetreten sind, sondern weil eine Habsburgerin selbst an der Erforschung eines bestimmten Phänomens mitarbeitete. Bei der frühen Parapsychologin handelt es sich um das einzige Kind Kronprinz Rudolfs, Erzherzogin Elisabeth, die innerhalb der Familie »Erzsi« genannt wurde. In ihrem an Skandalen nicht armen Leben hatte sie nach der Trennung von ihrem ersten Ehemann, Prinz Otto Windisch-Grätz, Schloß Schönau erworben, das vor ihr unter vielen anderen auch Jérôme Bonaparte, Bruder Kaiser Napoleons I., und ihrem direkten Vetter, Erzherzog Otto, gehört hatte. Und genau dort hat sie um das Jahr 1919 begonnen, sich in die parapsychologische Materie einzulesen und auch ihren ersten Kontakt zur jenseitigen Welt hergestellt.

---

*) Unter »Poltergeistern« versteht man lärmende, Unordnung und Zerstörung hervorrufende Spukerscheinungen, die frühere Spiritisten einem Geist zuschrieben. Die moderne Parapsychologie bezeichnet den Poltergeist als »personen- oder ortsabhängige spontane Psychokinese«, ein Phänomen, durch das Gegenstände auf den geistigen Befehl eines Menschen in Bewegung gesetzt werden. Wobei hier genau zwischen »dem Geist eines Verstorbenen« und »dem Geist eines lebenden Menschen« zu unterscheiden ist. Denn Auslöser dieser Erscheinung sind lebende Personen.

**) Schloß Schönau, das mit allen Wirtschaftstrakten und einer riesigen Parkanlage beinahe noch im Originalzustand erhalten ist, liegt in Niederösterreich, südlich von Wien, im gleichnamigen Ort Schönau an der Triesting.

Elisabeth wurde bei ihren Experimenten von einem der bedeutendsten Wissenschaftler der Epoche, Freiherr Albert von Schrenck-Notzing, unterstützt, der seine Laufbahn wie viele seiner damaligen Kollegen als Psychiater begonnen hatte. Erst später wandte er sich immer stärker den paranormalen Phänomenen zu, baute eine eigene Forschungsstätte auf und beschäftigte sich in seinem Laboratorium in München mit der Beobachtung von mediumistisch begabten Menschen. Um dabei keinen Trickbetrügern aufzusitzen, ließ er die Medien nur unter besonders strengen Sicherheitsmaßnahmen arbeiten. So sperrte er sie während der Versuche in Käfige und hielt ihren Verlauf mit der Photokamera fest. Als wissenschaftlicher Autor verfaßte Schrenck-Notzing »zahlreiche Werke, in welchen er mit absoluter Objektivität die Medien und ihre paranormalen Fähigkeiten beschreibt. Von jedem neu erschienenen Buch schickte er ein gewidmetes Exemplar an Elisabeth. Er war im wahrsten Sinn des Wortes ihr Lehrmeister, er berichtete und erklärte ihr auch alles, was er, bevor er sie kennengelernt hatte, ausprobiert hatte.« (Windisch-Graetz, S. 363)

Elisabeth beantwortete die Aufmerksamkeit, die Schrenck-Notzing ihr widmete, damit, daß sie eine seiner gelehrigsten und begabtesten Schülerinnen wurde. 1921 war er zum ersten Mal Gast in Schloß Schönau, wo er auf ihren Wunsch erste Sitzungen mit außersinnlich begabten Menschen abhielt. Diese Versuche dienten einerseits der Beobachtung verschiedener Phänomene, andererseits aber auch der Therapierung der Personen. Denn viele dieser Sensitiven waren psychisch krank, mitunter sogar schizophren und gewalttätig, und befanden sich oftmals als Patienten in stationärer Behandlung. Obwohl diese Versuche also eine profunde medizinische Schulung voraussetzten, durfte die

Prinzessin Elisabeth Windisch-Graetz, Tochter Kronprinz Rudolfs und Enkelin Kaiser Franz Josephs. Gemeinsam mit dem aus Bayern stammenden Parapsychologen Schrenck-Notzing veranstaltete sie Sitzungen zur Beobachtung der verschiedensten paranormalen Phänomene.

Habsburgerin solche Sitzungen – mit ausdrücklichem Einverständnis ihres Lehrers – schon ein Jahr später alleine leiten.

Über den Verlauf eines der wenigen erhalten gebliebenen dokumentierten Experimente, das im Beisein von Schrenck-Notzing stattfand, kann man in der Biographie über Erzherzogin Elisabeth folgendes lesen: »Auf einem Sessel hatte bereits das Medium Platz genommen, links und rechts von ihm standen zwei Sessel, auf denen die Personen Platz nehmen sollten, die mit der Überwachung des Mediums beauftragt waren ... Nach drei oder vier Minuten geriet Willy (das Medium) in Trance ... Einige Sekunden lang ließ sich eine Melodie von himmlischer Süße vernehmen, die folgende

Stille wurde von hallenden Schlägen unterbrochen, die an die Türe neben Willy fielen. Dann manifestierte sich das zweite Ich des Mediums, ›Mina‹. Durch ein plötzliches Beben wurden die Blicke aller zum Plafond gezogen, sie erkannten auch gleich darauf die Ursache: der Bronzeluster, der an einer dicken Kette hing, zitterte und drehte sich hin und her, wobei er einen Kreis beschrieb. Schrenck bat ›Mina‹, diese Bewegung einzustellen ... Sofort hing der Luster wieder bewegungslos. Schrenck hatte auf einem Tisch mehrere chinesische Fächer vorbereitet, die auf einer Seite mit einer phosphoriszierenden Masse bestrichen waren, wodurch man sie auch in der Dunkelheit*) gut sehen konnte. Schrenck erbat von ›Mina‹ die Gunst, den Fächern Leben einzuhauchen. Mina erfüllte die Bitte, und sofort erhoben sich die Fächer völlig schwerelos vom Tisch und begannen, sich graziös zu bewegen, als ob sie von einer Frauenhand gehalten würden ... mit einemmal gewahrte man einen schwarzen Schleier, der aus der Tapete hinter dem Medium hervordrang. Wie fließender Nebel bewegte er sich den Fächern entgegen ... rasch begann die sich zunehmend verdichtende Masse sich selbsttätig zu verformen und Gestalt anzunehmen. Man konnte drei, dann vier Finger unterscheiden, die ziemlich grob geschnitten waren, sie trennten sich voneinander, als ob sie zur verschiedenen Händen gehörten. Dann nahm jeder Finger einen der Fächer; es war, als würden die Fächer fortgetragen ...« (Windisch-Graetz, S. 371f.)

*) Die meisten Experimente fanden in abgedunkelten, schwach rot beleuchteten Räumen statt. Das diente der Konzentration aller daran Teilnehmenden. Auf besonderen Wunsch wurden die Versuche aber auch bei hellem Tageslicht abgehalten.

Schloß Schönau in Niederösterreich, ehemaliger Wohnsitz Erzherzog Ottos, kam nach dessen Tod in den Besitz Erzherzogin Elisabeths. Während dieser Epoche wurde es Schauplatz der verschiedensten parapsychologischen Experimente.

Erzherzogin Elisabeth war von dem Experiment so beeindruckt, daß sie mit demselben Medium mehrere Wochen lang arbeitete. Während einer dieser Sitzungen hob sich ein Tisch an einer Seite um etwa 20 cm. Die darauf liegenden Gegenstände blieben trotz der Neigung unbewegt liegen und rutschten nicht von der Tischfläche. Die Habsburgerin konnte von den Versuchen nicht genug bekommen. Sie veranstaltete eine Sitzung nach der anderen, überprüfte und verglich die Fähigkeiten der einzelnen Medien und bemerkte dabei gar nicht, welche Auswirkung das auf ihren Haushalt hatte. »In einem seiner Briefe (an sie) erwähnt Schrenck, daß das Interesse und die Sympathie, die Elisabeth den Medien entgegenbringt, das Erscheinen von Phänomenen begünstigte. Offensichtlich begünstigten sie sie derart, daß es im Schloß schließlich sogar zu spuken begann; Poltergeister machten sich bemerkbar. Aber erst um 1926 herum nahmen sie vom Schloß tatsächlich Besitz ...« (Windisch-Graetz, S. 386) Hier wird auf eine der unangenehmsten und mehrfach dokumentierten Nebenerscheinungen solcher Experimente hingewiesen, – daß man mitunter die sprichwörtlich ins Haus gerufenen Geister tatsächlich nicht mehr los wird. Dieses Phänomen wird vor allem von Menschen ausgelöst, die vom Poltergeist befallen sind. Erzherzogin Elisabeth kam im Jahr 1925 zum ersten Mal mit einem solchen Fall in Berührung. Über Vermittlung von Schrenck-Notzing wurde ihr damals die Betreuung eines kranken Mädchens anvertraut.

»Herr F. Rondelli, Telepath ... teilt mir (Schrenck-Notzing) mit, daß am 18. September sich in einem Bauernhaus in Langzeil bei Güssing*) telekinetische**) Vorgänge ereignet hätten, indem tote Gegenstände ohne sichtbare Einwirkung ihren Standplatz im Fluge durch die Luft veränderten. U.a. wurde ein Wickelkind aus der Wiege auf die Straße geschleudert, wo es unversehrt liegen blieb ... Als Urheberin dieser Erscheinungen gilt ein 14jähriges Dienstmädchen, Molnar Wilma, das der deutschen Sprache nicht mächtig ist und deren Eltern in Ungarn wohnen. Möglicherweise handelt es sich hier um ein telekinetisches Medium ... Ich glaube, daß Sie von Schönau aus sehr leicht per Auto in einem Tage nach Langzeil hin und her fahren können und würde

---

*) Güssing ist ein im Burgenland liegender Ort.

**) Unter »telekinetischen Vorgängen« versteht man das Bewegen von Gegenständen aus der Ferne, wobei die Bewegung ausschließlich durch einen geistigen Befehl ausgelöst wird.

raten … sich die Sache anzuschauen und eventuell einmal das Mädchen als Dienstmagd in Schönau aufzunehmen.« (zit. in: dies., S. 387) Die Habsburgerin reagierte prompt auf das Angebot. Wenn Schrenck-Notzing ihr einen ersten richtigen Krankheitsfall anvertraute, durfte sie nicht zögern. Binnen kurzem war das Mädchen aus dem Burgenland geholt und in Schönau untergebracht. Offiziell, um als Hausmädchen einfache Arbeiten zu verrichten, inoffiziell, um sie unter Beobachtung zu stellen.

Während der gesamten Zeit, die Wilma Molnar in ihrem Haus verbrachte, führte Erzherzogin Elisabeth Aufzeichnungen über die Vorfälle, die sie ihrem Lehrer nach München schickte und von ihm – mit genauen Anweisungen über die Art der Behandlung versehen – beantwortet wurden. »Man muß versuchen, sie (die spukhaften Vorgänge) zu beherrschen und jene Kräfte, die das zustande bringen, als Persönlichkeiten anzusprechen, sich energisch den Unfug verbieten und befehlen, daß dieses oder jenes Phänomen sich ereignet. Die Kraft wird dann gebrochen und nach Ihrem Willen geleistet. Es wäre gut, mit Wilma Sitzungen zu halten und zwar möglichst zweimal in der Woche, damit sich die zurückgehaltenen Kräfte in der Sitzung austoben können …« (ebenda, S. 389) Obwohl sich Elisabeth genau an die Ratschläge Schrenck-Notzings hielt, war ihr bei der Arbeit als Therapeutin kein lange anhaltender Erfolg beschieden. Das Mädchen verfügte über derart mächtige, innewohnende Kräfte, die sich immer stärker und immer häufiger manifestierten und nicht einmal durch den außerordentlich starken Willen der Erzherzogin eingedämmt werden konnten. Es kam sogar noch schlimmer, denn die Poltergeister nahmen bald das gesamte »Schloß in Besitz«. Sie irrten während der Tages- als auch während der Nachtzeit durch das Gebäude, machten durch laute Klopfzeichen auf sich aufmerksam und versetzten alle im Haus Wohnenden in Angst und Schrecken. Elisabeth allein ließ sich von den Vorfällen nicht beeindrucken, sondern verfolgte weiter ihr Ziel, die paranormalen Kräfte des Dienstmädchens unter Kontrolle zu bringen.

Die im folgenden zitierten Zwischenfälle, die sich während der Behandlung des Mädchens in Schönau ereigneten, haben als einzige die politisch unsicheren Zeiten überlebt*). Eines Nachmittags hörte die Erzherzogin »aus der Küche Schreie, sie eilt hin, die Türe ist geschlossen, sie öffnet sie, dort steht Wilma, die Hände vors Gesicht geschlagen, um nicht sehen zu müssen, wie die Erdäpfel (Kartoffel) in ziemlich raschem Rhythmus über den Kachelboden hüpfen. Als hätten sie nur darauf gewartet, daß die Türe sich öffnet, schlüpfen sie hinaus, bewegen sich zur Stiege und springen einige Stufen hinauf. Elisabeth konzentrierte ihre ganzen psychischen Kräfte und gab dem Geist ihre Befehle. Die braunen Kugeln hielten inne. Wilma mußte sie zusammenklauben und in den Korb zurücklegen, aus dem sie von allein herausgesprungen waren.« (Windisch-Graetz, S. 391) Ein anderes Mal flogen Töpfe und Pfannen durch die Küche oder Besteck kroch aus einer Schublade hervor und flog angriffslustig in Richtung des Dienstmädchens. Wer immer Zeuge einer solchen Manifestation wurde, dachte, daß die Messer und Gabeln Wilma durchbohren wollten. Doch kurz

---

*) Elisabeths originale schriftliche Aufzeichnungen sind nicht mehr vorhanden. Sie hatte alle ihre Unterlagen immer an Schrenck-Notzing weitergeschickt, der sie in seinem Labor aufbewahrte. Als in den 30er-Jahren sein Haus von der Gestapo durchsucht wurde, hat man alle darin aufgefundenen Dokumente im Zuge einer Säuberungsaktion vernichtet. Unter der Herrschaft der Nazis wurden die okkulten Wissenschaften zunächst zwar nur bekämpft, später hat man sie ganz verboten. Derselben Durchsuchung fielen auch alle Photos und Notizen von Schrenck-Notzing, die er in Schönau gemacht hatte, zum Opfer.

Durch die zahlreichen Experimente mit Poltergeistern hat es in Schloß Schönau dermaßen zu spuken begonnen, daß die Bewohner darin kaum mehr zu leben, geschweige denn zu schlafen vermochten. Erzherzogin Elisabeth ist daraufhin mit ihrer Familie ausgezogen und hat das gesamte Anwesen im Jahr 1928 verkauft.

bevor die Besteckteile das Mädchen erreichten, fielen sie – ohne sie zu berühren – mit lautem Getöse zu Boden. Mitunter kam es sogar vor, daß eine Gabel die Küche verließ und bis zum Zimmer des Mädchens vordrang, um dort neben seinem Bett hinunterzustürzen. Dieses in der Parapsychologie als »Herbeibringen von Objekten« bezeichnete Phänomen ist äußerst selten. Denn der bestimmte »Gegenstand muß auf seinem Weg Mauern oder geschlossene Türen durchdringen, ohne Schaden zu nehmen oder Spuren zu hinterlassen. Es muß sich dabei um ein Phänomen der Dematerialisation und anschließender Materialisation handeln. Elisabeth war von diesem Phänomen ... besonders beeindruckt. Als sie einen solchen Gegenstand, der auf die eben beschriebene Weise zu ihr gelangt war, in die Hand nahm, stellte sie fest, daß er ganz heiß war.« (ebenda, S. 392)

Wie lange und wie eingehend sich Erzherzogin Elisabeth auch mit dem Mädchen beschäftigte, so erfolglos blieb die Behandlung. Auf Anraten von Schrenck-Notzing hat sie Wilma für einige Zeit in eine psychologische Klinik gegeben, woraufhin sich ihr Zustand – in der fremden und ungewohnten Umgebung – noch mehr verschlechterte. Also wurde sie wieder nach Schloß Schönau geholt. Trotz der vertrauteren und ihr wohltuenderen Umgebung traten aber sofort wieder die altbekannten Phänomene auf. Einmal flog eine Hacke aus der Werkstätte in die Küche und stürzte vor dem Mädchen auf den Boden, ein anderes Mal zogen Teller in der Luft ihre Kreise, um gleich darauf neben ihm auf die Erde zu fallen. Wenn Wilma auf der Straße ging – was sie immer nur in Begleitung der Erzherzogin oder eines ihrer Kinder durfte –, schienen viele Gegenstände nur darauf zu warten, von ihr magnetisch angezogen zu werden. Schuhe, Messer, Obst und Gemüse verließen ihre angestammten Plätze in Regalen, um ihr entgegenzurollen und binnen kurzem einen wilden Ringelreihen um sie zu drehen. Schließlich kapitulierte die Habsburgerin vor dem Fall, den sie mit eigener Kraft nicht mehr beherrschen konnte. Sie gab das Mädchen in die Obhut eines katholischen Geistlichen in Wien, der Jesuiten-Pater war und an der Universität in Wien Theologie unterrichtete. Er hat das Mädchen mit den Behandlungsmethoden der Kirche behandelt, also exorziert, und damit etwas erreicht, was niemand für möglich gehalten hatte: Binnen kurzer Zeit wurde aus dem ursprünglich völlig verstörten Mädchen ein fröhlicher und gesunder Mensch.

Für unbeschwerte Fröhlichkeit hätten die Bewohner von Schloß Schönau sicherlich viel gegeben, doch die war unter dem Einfluß der »seßhaft gebliebenen« Poltergeister völlig verlorengegangen. Die lästigen Gesellen erschienen zu allen Tages- und Nachtzeiten. Ein bestimmter, immer wiederkehrender »Gast« bevorzugte die Dämmerstunde, während der er sich mit langsamen, schweren Schritten durch die Gänge schleppte. Die Mechanik der Turmglocke hatte sich verselbständigt und machte sich außer zu den vorgesehenen Zeiten auch gerne zwischendurch mit heftigen Schlägen bemerkbar. Immer wiederkehrende Schläge waren an den Wänden zu hören, und an den Türen sorgten zahlreiche »klopfende Anmeldungen« für ständige Unruhe. Elektrische Lichter gingen an und wieder aus, ohne daß man auf ihre Tätigkeit Einfluß nehmen konnte. »Im Salon hatten die Fauteuils Räder an den Beinen. Während der Nacht, wenn alles schlief, begannen ... (sie) herumzurollen, zu rutschen und zu tanzen. Das Durcheinander, das man am Morgen dann vorfand, war unglaublich.« (Windisch-Graetz, S. 394)

Schließlich mußte sich Erzherzogin Elisabeth eingestehen, daß sie Schloß Schönau an höhere, von ihr nicht mehr beeinflußbare Mächte verloren hatte. Im Jahr 1928 verkaufte sie das Gebäude*) mit seiner riesigen Anlage, zog nach Wien, hielt aber weiterhin mit ihrem in München lebenden

*) Da das Gebäude noch steht, habe ich mich vor einiger Zeit auf Spurensuche begeben und den heutigen Besitzer nach der jetzigen »Wohnqualität« im Haus befragt. Zu meiner Enttäuschung wird es aber seit Jahrzehnten nicht mehr bewohnt. Der Mann, der die Villa von seiner Tante geerbt hatte, meint sich zu erinnern, daß auch seine Verwandte, die nächste Besitzerin nach Erzherzogin Elisabeth, nicht darin gelebt hatte. Ist das als Hinweis auf die noch immer tätigen Nachtgeister zu verstehen? Der einzige Bewohner, der bis vor kurzem in einem der Villa nahen Wirtschaftsgebäude lebte, war ein Geschäftsmann, der die Anlage gemietet hatte, um sie für kulturelle Zwecke zu nutzen. Er hat aber die für das Projekt vorgeschossenen Unterstützungen »privat kassiert« und ist daraufhin im Ausland untergetaucht. Es wäre nicht verwunderlich, wenn ihn die nächtlichen Unruhegeister zu seiner Tat getrieben hätten.

Lehrer Schrenck-Notzing Kontakt. Als er ein Jahr später starb, gab sie die parapsychologische Tätigkeit völlig auf. Als geistig stets ruheloser Mensch fand sie aber bald eine andere, nicht minder energisch betriebene Beschäftigung auf politischem Gebiet. Sie wurde – was liegt einem Mitglied der österreichischen Kaiserfamilie näher – eine der eifrigsten Sozialistinnen der Frühzeit.

Wenn nun jemand denken sollte, daß Erscheinungen wie die von Schloß Schönau an eine bestimmte Zeit, bestimmte Umstände und eine überempfindliche, reizbare Gesellschaftsschicht gebunden sind, dann irrt er sich. Denn Poltergeister gehören zu den in der Wissenschaft bekanntesten Störenfrieden, die auch das Leben einfacher Menschen nachhaltig prägen. Einer der bedeutendsten Forscher aus jüngerer Zeit, Hans Bender, der ehemalige Leiter des parapsychologischen Institutes in Freiburg im Breisgau, kam in seinen Publikationen mehrfach auf einen sehr ähnlich gelagerten Fall zu sprechen, der sich in den 60er-Jahren in einem Anwaltsbüro nahe Rosenheim in Bayern zugetragen hat. Kurz nachdem man ein 19-jähriges Mädchen als neue Bürokraft eingestellt hatte, begannen sich wiederholt Gegenstände zu bewegen und zu drehen. Ein boshafter Poltergeist, der sich im Geist des Mädchens eingenistet hat, trug Schuld an den bald immer heftiger werdenden telekinetischen Vorgängen (s. S. 152). Am liebsten setzte sich der Störenfried in den elektrischen und telephonischen Netzen des Büros fest, die er langfristig blockierte. Oder er ließ seinen Schalk an den Lampen aus, wobei er vorzugsweise die an der Decke befestigten Leuchtstoffröhren zum Erlöschen brachte. Einige Mitarbeiter haben oft auch »heftige Knallerscheinungen gehört, Sicherungsautomaten lösten selbsttätig ohne ersichtlichen Grund aus, die Entwicklerflüssigkeit eines Photokopiergerätes wurde immer wieder verspritzt, Telefonstörungen drohten den Kanzleibetrieb lahmzulegen ...« (Bender I, S. 45f.)

Als Urheber aller Pannen hatte man zunächst das örtliche Elektrizitätswerk in Verdacht, das angeblich abnorm starke Stromstöße aussandte. Da aber außer dieser einen Kanzlei niemand sonst von Unregelmäßigkeiten betroffen war, beauftragte man mit der weiteren Untersuchung des Falles das übergeordnete Prüfamt der Rosenheimer Stadtwerke. Aber auch die dortigen Kontrolleure konnten keine Abweichungen von der Norm feststellen. Weil dem Problem mit technischen Meßgeräten nicht beizukommen war, hatte man in der Zwischenzeit Kontakt zum Freiburger Institut für Grenzgebiete der Psychologie hergestellt, dessen Mitarbeiter sich nun also ebenfalls auf Spurensuche begaben. Denn mit den Mitteln der Technik war den immer stärker werdenden Phänomenen nicht mehr beizukommen. Die Hängelampen wollten zuletzt gar nicht mehr zu schwingen aufhören, schließlich schlugen sie an der Decke an und zerbarsten. Zur Verwunderung der im Büro arbeitenden Menschen wurden alle Vorkommnisse nur während der Bürozeiten beobachtet, in der Nacht herrschte Stille in den Räumen. »Oft wurde der erste Vollausschlag genau zu dem Zeitpunkt registriert, an dem die 19-jährige Büroangestellte Annemarie S. die Kanzlei betrat. Auch andere Beobachtungen wiesen darauf hin, daß die Phänomene von ihrer Gegenwart abhängig waren. Ging das ... Mädchen durch den Flur, begannen die Lampen hinter ihr zu schwingen, explodierten Beleuchtungskörper, flogen die Scherben auf sie zu.« (ebenda) Schließlich wurden die Phänomene in der Kanzlei immer heftiger. »Bilder fielen von den Wänden oder drehten sich vor Augenzeugen ... Schubladen kamen ... selbsttätig aus den Schreibtischen; schließlich wurde zweimal ein dreiundeinhalb Zentner schwerer Aktenschrank um etwa 30 cm von der Wand abgerückt ...« (ders. I, S. 49) Urheberin aller Erscheinungen war – laut Gutachten des parapsychologischen Forschungsteams – das Mädchen Annemarie, dem man auf Anraten der Wissenschaftler eine neue Stelle vermittelte. Mit seinem Abgang aus dem Büro hatten alle Erscheinungen schlagartig ein Ende.

Welche Absichten hegte das Mädchen – oder besser sein boshafter Geist – mit all den heftigen Angriffen? Wollte es den Bürobetrieb mutwillig lahmlegen? Eine bestimmte Person schädigen? – Die Wissenschaft weiß darauf keine sichere Antwort zu geben. Sie ist sich über die genaue Ursache der Phänomene selbst nicht ganz im klaren. Alles, was man sicher weiß, ist, daß hauptsächlich junge Menschen vom Poltergeist befallen werden. Ihnen allen ist ein ähnlicher Charakter, eine ähnliche unausgeglichene, mitunter sogar gespaltene Persönlichkeit gemeinsam. Meist stehen sie unter starken psychischen Spannungen, sind hoch erregbar und oft unfähig, die geringsten, alltäglich scheinenden Versagungen zu ertragen. Der von ihnen ausgelöste »Spuk ist immer ein Symptom momentaner Gestörtheit und daher nicht nur ein erregendes wissenschaftliches, sondern auch ein therapeutisches Problem. Es verlangt Hilfe für die seelische Lage, die zu solchen rätselhaften Entladungen führt ...« (Bender I, S. 529)

11.
Prophezeiungen zur Ermordung des Erzherzog-Thronfolgers

Im Vorfeld bedeutender historischer Ereignisse, starker politischer Umwälzungen oder heftiger Naturkatastrophen kann es mitunter zu paranormalen Erscheinungen kommen. So geschehen, als die österreichisch-ungarische Monarchie zu Beginn des 20. Jahrhunderts in einer tiefen politischen Krise steckte: und zwar vor der Ermordung des österreichischen Thronfolgers, Erzherzog Franz Ferdinand, und dem daraufhin einsetzenden Ersten Weltkrieg. Beide Ereignisse haben innerhalb Europas mehrere außersinnliche Wahrnehmungen ausgelöst. Eine der ersten war eine Prophezeiung, die von der in Paris lebenden Madame de Thèbes stammte und die eine der bedeutendsten Seherinnen ihrer Zeit war. Sie schrieb im Jahr 1913 in einer von ihr herausgegebenen Zeitschrift: »*In Österreich deutet alles darauf hin, daß unter einer neuen Regierung tiefe Umwälzungen erfolgen ... Die Stunde naht, in der es zu offenen Feindschaften zwischen den Slawen und Germanen kommen wird. Der, welcher regieren sollte ... wird nicht regieren, und ein junger Mann ... welcher eigentlich nicht zu regieren bestimmt war ... wird regieren.*« (zit. in: Schrenck-Notzing, S. 67ff.) Natürlich könnte man der Prophezeiung entgegenhalten, daß die Feindschaft zwischen Slawen und Germanen damals schon längere Zeit bestanden hatte und ein Konflikt zwischen den beiden Fronten unabwendbar war. Dennoch ist es auch dann nicht einfach, den Ausbruch auf ein bestimmtes Jahr festzulegen. Denn im Zuge der schon lange angespannten politischen Verhältnisse

Erzherzog Franz Ferdinand im Kreis seiner Familie. Seine Ermordung in Sarajewo gab Kaiser Franz Joseph den Anlaß, Serbien den Krieg zu erklären. Sowohl das Attentat auf ihn als auch der daraufhin ausbrechende Erste Weltkrieg sind von mehreren Sehern vorausgesagt worden.

zwischen den einzelnen Volksgruppen hätte der Krieg auch schon 1913 oder erst 1915 ausbrechen können. Außerdem ging die Seherin in ihrer Voraussage viel weiter. Und zwar viel weiter, als man auf den ersten Blick erkennen kann. Die in Frankreich lebende Frau hat zwangsläufig wenig über die politischen Verhältnisse in Österreich gewußt, noch weniger war sie mit der Genealogie des Kaiserhauses vertraut. Die wirklich bedeutende Botschaft, die sie in einen harmlos scheinenden Nebensatz verlegte, betraf den Thronfolgewechsel in Österreich-Ungarn, an den damals noch nicht einmal die Habsburger selbst gedacht hatten. Zur näheren Erklärung: Mit den beiden Personen, die »*regieren*« beziehungsweise »*nicht regieren*« sollten, sind zweifelsfrei der

Thronfolger Erzherzog Franz Ferdinand und der spätere letzte Herrscher, Kaiser Karl, gemeint. Wie aber ist die Bemerkung über den jungen Mann zu verstehen, der »*eigentlich nicht zu regieren bestimmt war*«? Franz Ferdinands Neffe, Erzherzog Karl, galt doch seit dem Jahr 1900*) offiziell als *übernächster* Kaiser. Die einfachste Antwort auf den vermeintlichen Fehler wäre, daß sich die Frau, die mit den Gesetzen der österreichischen Thronfolge nicht vertraut war, geirrt hat. Ich glaube aber, sie hat viel mehr »gesehen«, als man auf den ersten Blick erkennt. Denn meines Erachtens hätte Franz Ferdinand bei Antritt seiner Regentschaft sofort die Habsburger Hausgesetze geändert und natürlich einen seiner Söhne (und sicherlich nicht seinen Neffen Karl) zum Nachfolger bestimmt. Diese Vermutung teilen viele Menschen mit mir. Damit hat die Prophezeiung also viel mehr verraten, als in der Öffentlichkeit bekannt war.

Auch Kaiserin Zita hatte im Jahr 1913 die Voraussagung von Madame de Thèbes gelesen und darüber später folgende Notizen gemacht. »*Diese Frau pflegte jährlich einen Almanach herauszugeben, in welchem sie die wichtigsten Daten des kommenden Jahres beschrieb. Ich selbst las ihre Voraussagen jedes Jahr und muß sagen, daß ich wiederholt von geradezu unheimlichen Zusammentreffen der Voraussagen mit den dann eintreffenden Tatsachen frappiert wurde. Ein Fall, an den ich mich gut erinnere, war die Voraussage von einem schweren Ver-*

*) Damals – während der Regentschaft Kaiser Franz Josephs – war der Erzherzog-Thronfolger eine nach Habsburger Hausgesetz ungültige Ehe mit Gräfin Chotek eingegangen. Die Folge dieser Mesalliance war eine neue Thronfolgeregelung: Erzherzog Franz Ferdinand sollte Franz Joseph zwar als Herrscher folgen, ihm wiederum aber sein Neffe Karl und keiner seiner mutmaßlichen Söhne. Noch vor ihrer Geburt hatte der Thronfolger für seine Kinder auf die Regentschaft verzichten müssen, da sie einer nach Hausgesetz verbotenen Verbindung entstammten.

lust der französischen Flotte. Und zwar in Friedenszeiten. Ich hatte es mir deshalb leicht gemerkt, weil das Ereignis knapp bevorstand und die Tatsache, wenn sie eintraf, doch großen Eindruck machen mußte. Wirklich: Um die vorausgesehene Zeit ging – unter besonders tragischen Umständen – ein ganz neues Unterseeboot der französischen Marine unter, und alle Mitglieder der Besatzung kamen dabei ums Leben.

In ihrem Almanach von 1913-14 prophezeite sie den Tod Erzherzog Franz Ferdinands und sagte das weitere Schicksal der Monarchie samt Thronwechsel voraus. Ich copiere den – leider nur in verkürzter Form gebrachten – Text aus der Zeitschrift ›L'Echo du Merveilleux‹ vom 15. Juli 1914 (Fondation Gaston Mery. Dix-huitième année (18. Jg.). *– No. 421. Paris), der also zwei Wochen nach der Ermordung des Thronfolgers und sechs Monate nach Druck des zitierten Almanachs erschien. Auf S. 213 kann man unter dem Titel ›Les Faits du Jour*)‹ lesen: ›L'Archiduc François-Ferdinand, héritier du trône d'Autriche, vient d'être assassiné à Sarajevo (Bosnie) en même temps que sa femme, dans les plus tristes circonstances que l'on sait. Or, dans le dernier almanach de Mme de Thèbes, on lit sur cet évènement les prophétiques paroles suivantes: ›L'Autriche, entrée avec 1913 dans une ère nouvelle, aura sa large part de déchirements. Ses peuples seront déçus par leur nouveau maître … Tel qui croit*

---

*) »Ereignisse des Tages«: »Erzherzog Franz Ferdinand, der österreichische Thronfolger … ist mit seiner Ehefrau in Sarajewo (Bosnien) unter den traurigsten Umständen ermordet worden. Im letzten Almanach von Madame de Thèbes kann man über dieses Ereignis die folgenden prophetischen Worte lesen: ›Österreich, das 1913 in eine neue Ära eingetreten ist, wird große Risse/Wirren erleiden. Seine Völker werden von ihrem neuen Meister enttäuscht werden … Derjenige, der sich als Regent wähnt, wird nicht regieren, und ein junger Mann, der nicht regieren sollte, wird regieren.‹ An einer anderen Stelle des Buches kam Madame de Thèbes noch einmal auf diese Voraussage zurück und sprach dabei von einem ›imperialen Drama‹. ›Es wird bald vollführt sein. Niemand kann das Schicksal anhalten.‹«

Kaiserin Zita (anläßlich eines Empfangs in der Villa Wartholz in Niederösterreich) hat mehrfach paranormale Vorfälle erlebt. Als eifrige Leserin des Almanach von Madame de Thèbes konnte sie sich auch immer wieder von der Richtigkeit ihrer Voraussagungen überzeugen.

régner ne régnera pas et un jeune homme qui ne devait pas régner, règnera.‹ Revenant sur cette même prédiction dans un autre passage du livre, Mme de Thèbes dit du ›drame impériale‹. ›Il est bien près d'etre accompli. Nul ne peu arrêter le destin.‹ Diese Zeitschrift bezeichnet das Voraussehen von Mme de Thèbes als: ›un don de divination tout à fait étonnant‹ (›außergewöhnliche, hellseherische Fähigkeit‹) und nimmt sie in Schutz gegen vorheriges Wissen durch trübe politische Quellen. Sie erinnert auch daran, daß sie bereits die Ermordung des bekannten Gaston Calmette durch seine frühere Ehefrau, Madame Caillaux, vorausgesagt hatte. Allerdings konnte ›L'Echo du Merveilleux‹ damals noch nicht vorausahnen, wieviel mehr in der Prophezeiung der Mme de Thèbes noch enthalten war. Diese Zeitschrift, die nicht mehr erscheint, war berühmt dafür, immer seriöses Material zu bringen …« (dies., undatierte Niederschrift)

Der Vollständigkeit halber sei hier noch hinzugefügt, daß auch Erzherzog Franz Ferdinand Ahnungen seines nahen Todes hatte (das hat er seinem Neffen und damaligen Thronfolger mitgeteilt). Ob er tatsächlich eine paranormale Wahrnehmung gehabt hatte, oder ob sich sein Gefühl eher auf die Warnungen des Sicherheitsdienstes kurz vor Antritt der Reise nach Sarajewo bezog, kann nicht mehr mit Bestimmtheit gesagt werden. Allerdings muß man auch erwähnen, daß Morddrohungen und Anschläge auf Mitglieder regierender Familien damals zumindest ebenso häufig ausgesprochen und durchgeführt wurden wie heute. Sowohl Kaiserin Elisabeth als auch ihr Sohn Kronprinz Rudolf und der Erzherzog-Thronfolger wurden mehrfach vor möglichen Attentaten gewarnt. Diese drei Habsburger waren beliebte Zielscheiben politischer Verbrecher. Das hängt weniger mit ihrer geringen Popularität als mit ihrer großen Reiseleidenschaft zusammen, die sie oft in politisch unsichere Gebiete führte. Und zwei von ihnen wurden dann ja tatsächlich auf Reisen ermordet.

Zum selben Thema – daß Erzherzog Franz Ferdinand nicht der Nachfolger Kaiser Franz Josephs werde – gibt es noch eine andere, zwei Jahre früher ausgesprochene Prophezeiung. Sie stammt von Papst Pius X., der sie der damaligen Prinzessin Zita weitergab, als sie ihn kurz vor ihrer Hochzeit im Jahr 1911 gemeinsam mit ihrer Mutter und Geschwistern in Rom besuchte. »›Jetzt heiraten Sie also den Thronfolger!‹*), sagte der Papst und lächelte der Prinzessin freundlich zu. ›Ich wünsche dazu allen Segen!‹ Die Prinzessin widersprach sofort: ›Euer Heiligkeit … mein Bräutigam ist nicht Erzherzog-Thronfolger. Mein Bräutigam ist Erzherzog

*) Während dieser Epoche galt Erzherzog Karl zwar – wie schon auf S. 163 erwähnt – als übernächster Kaiser, Thronfolger war aber immer noch sein direkter Onkel, Erzherzog Franz Ferdinand.

Karl*)‹ ... Pius X. blieb hartnäckig: ›Karl wird der Erbe von Kaiser Franz Joseph sein.‹ Er war sehr ernst geworden, sprach sehr eindringlich. Die junge Prinzessin versuchte es noch einmal: ›Nein, Euer Heiligkeit, Erzherzog Franz Ferdinand ist der Thronfolger.‹ Der Papst schüttelte nur den Kopf. ›Nein, Karl wird der Erbe sein ... Ob das ein Rücktritt ist ... das weiß ich nicht ... Aber etwas weiß ich: Karl wird der Nachfolger von Kaiser Franz Joseph sein!‹

Da habe ich nichts mehr gesagt ... Erst draußen, als wir den Heiligen Vater verlassen hatten, sagte ich sehr leise zu meiner Mutter: ›Gott sei Dank, daß der Papst nicht auch in politischen Fragen unfehlbar ist.‹ Seltsamerweise stimmte mir meine Mutter jedoch nicht zu; sie lächelte nur vor sich hin, als wüßte sie eine andere Antwort. Es war nach der Ermordung des Erzherzog-Thronfolgers, als ich zu meiner Mutter, auf das tiefste ergriffen, sagte: ›Nun hat der Heilige Vater recht gehabt.‹ Da erklärte mir meine Mutter: ›Ich habe den Heiligen Vater damals sehr wohl verstanden – und dir auch heftig Handzeichen gegeben, du mögest endlich still sein. Aber du hast es nicht bemerkt. Heute muß ich dir aber doch sagen, ich freue mich darüber, daß du ihn nicht verstanden hast, dachte ich doch, daß dir dieses Nicht-Wissen noch ein paar glückliche Jahre beschert ...‹« (Feigl, S. 75f.)

Die Voraussagung des Papstes erfuhr anläßlich der wenig später stattfindenden Trauung Kaiser Karls (damaligen Erzherzogs) mit Prinzessin Zita von Bourbon-Parma eine eigentümliche Fortsetzung. Während der Messe in der Schloßkapelle von Schwarzau verlas Kardinal Bisletti eine

*) Anmerkung Kaiserin Zitas: »Ich wollte einen Irrtum aufklären. In einigen italienischen Zeitungen hatte man über unsere Verlobung berichtet und dabei Erzherzog Karl als ›Thronfolger‹ apostrophiert; dieses Mißverständnis wollte ich natürlich bereinigen, dachte ich doch, der Papst beziehe seine Meinung von dort.«

vom Papst übermittelte, von ihm gekürzte Rede, in der Pius X.*) den Bräutigam hartnäckig als nächsten Kaiser bezeichnete. Da die anwesenden Gäste die Vorgeschichte nicht kannten, wurde dieser Satz von den meisten als Versprecher ausgelegt. »Nach der Trauung, quasi unter sechs Augen, überreichte Bisletti den Jungvermählten den vollen Wortlaut der Rede. Er hätte nicht alles verlesen, was der Heilige Vater zu Papier gebracht hatte, um den … (anwesenden) Erzherzog-Thronfolger Franz Ferdinand nicht zu verletzen. Denn wieder war davon die Rede, ›es möge Gott Erzherzog Karl den Segen geben‹, wenn es einmal so weit sei, daß der alte Kaiser sein Amt nicht mehr ausüben könnte. Also (wenn Karl) Kaiser werde.« (Feigl, S. 76)

Und noch eine letzte Prophezeiung zum selben Thema, den Thronfolgerwechsel im Jahr 1914. Kurz vor der Ermordung Erzherzog Franz Ferdinands, in der Nacht vor dem Attentat, hatte der mit dem Thronfolger befreundete Bischof von Großwardein/Nagyvarad, Josef von Lanyi, einen voraus deutenden Traum: Er träumte, daß ihm »*mit der Morgenpost ein schwarzumrandeter, mit dem Wappen des Erzherzogs versiegelter Brief überreicht* (wurde) … *die Adresse des Briefes trug die Schriftzüge Franz Ferdinands … von Lanyi öffnete im Traum den Umschlag des Schreibens. Es kam ein Bogen zum Vorschein, dessen obere Hälfte mit einem in blauem Farbton gehaltenen,*

*) Papst Pius X. hieß mit bürgerlichem Namen Giuseppe Sarto und übte das höchste kirchliche Amt zwischen 1903 und 1914 aus. Einige Jahre nach seinem Tod wurde er heilig gesprochen. Um die Heiligsprechung eines Menschen durchzusetzen, müssen Wunderwerke von ihm nachgewiesen werden. An diesem Vorgang hat Kaiserin Zita selbst mitgewirkt, indem sie für seine Seligsprechung (das ist das vorausgehende Verfahren zur Heiligsprechung, wofür Wunder – oder eben die prophetische Begabung – nachgewiesen werden müssen) die handgeschriebene Hochzeitsrede zur Verfügung stellte. Denn darin hatte der Papst ja den richtigen Verlauf der Geschichte vorausgesagt.

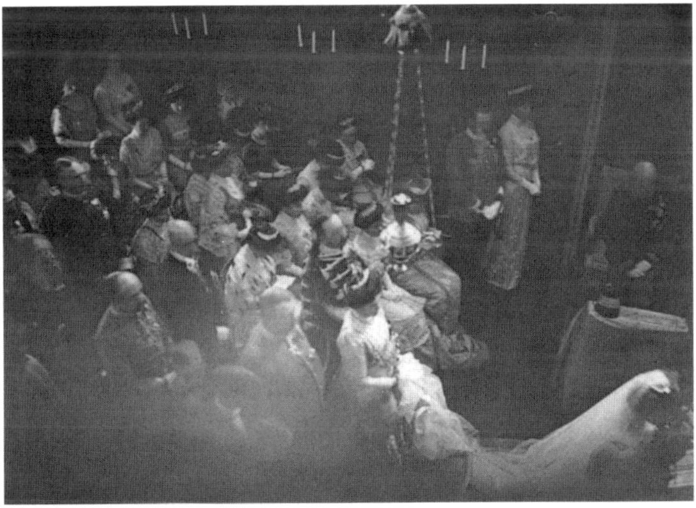

Anläßlich der Trauung Erzherzog Karls verlas Kardinal Bisletti eine vom Papst übermittelte Rede. Sowohl darin als auch während der vorangegegangenen Audienz in Rom bezeichnete Pius X. den jungen Erzherzog – und nicht Thronfolger Franz Ferdinand (auf dem Bild 3.v.re. stehend) – als nächsten Regenten.

einer Ansichtskartendarstellung ähnlichen Bild ausgefüllt war. Der Farbdruck zeigte den Erzherzog, wie er mit seiner Gemahlin im offenen Auto durch eine zu beiden Seiten von Menschen dicht gesäumte Straße fuhr. Den Hoheiten gegenüber saß ein österreichischer General in Galauniform, den Platz neben dem Chauffeur nahm ein Offizier ein. Auf dem Bilde waren ferner zwei junge Burschen dargestellt, die auf den Erzherzog und seine Gemahlin mit Revolvern schossen. Der untere Teil des Briefbogens enthielt den Text in der Handschrift des Thronfolgers: ›Euer Bischöfliche Gnaden! Lieber Dr. Lanyi! Ich teile Ihnen hiedurch mit, daß ich heute mit meiner Frau in Sarajewo als Opfer eines politischen Meuchelmordes falle. Wir empfehlen uns Ihren frommen Gebeten und heiligen Meßopfern und bitten Sie, unseren armen Kindern auch fernhin in Liebe und Treu so ergeben zu bleiben wie bisher. Herzlich grüßt Sie Ihr Erzherzog Franz. Sarajewo, 28. Juni 1914, halb vier Uhr morgens.‹ Unmittelbar nach dem Traum erwachte der Bischof und schrieb sogleich, von dem Geschauten tief beeindruckt, sein Traumgesicht nieder ...« (Brik, S. 91f.) Nachdem er alles notiert hatte, erzählte Bischof Lanyi seiner Mutter und einem bei ihm wohnenden Gast von dem Traum. Das Thronfolgerpaar wurde nur wenige Stunden später ermordet.

Zu dieser Prophezeiung gibt es eine interessante Deutung. Hans Theodor Brik, der Autor des Buches »Unheimliche Phänomene – Tatsachenberichte aus dem Bereiche des Übersinnlichen« hat die Voraussage einer genauen Untersuchung unterzogen und ist zu dem Schluß gelangt, daß der »*Traum des Bischofs von Lanyi ... wohl kaum als echte prophetische Vorschau zu werten sein* (darf). *Man muß bedenken, daß die Burschen, die für das Attentat gedungen worden waren, ohne Zweifel vorher unter einer unerhörten seelischen Spannung standen. Wahrscheinlich haben sie sich in ihren Gedanken intensiv mit der Ausführung ihres finsteren Auftrages befaßt. Könnte es nicht sein, daß z.B. Princip* (der Mörder) *sein Opfer telepathisch beeinflußt hat und dieser gewissermaßen als psychisches Relais seinerseits dem Bischof sein eigenes Traumbild paranormal übermittelt hat?*« (ders., S. 93) Diese Ansicht hat von parapsychologischer Seite ihre Berechtigung. Warum sollte der Traum nicht durch telepathische Übertragung ausgelöst worden sein? Dagegen spricht allerdings die Deutlichkeit der beschriebenen Szenerie. Denn der Bischof hatte – einschließlich der Sitzordnung des Thronfolgerpaares mit Gefolgsleuten im Wagen – so viele optische Details gesehen und genau beschrieben. Dieses Bild konnte der spätere Mörder ja nicht »weitergeleitet« haben, da er zu diesem Zeitpunkt noch nicht einmal wußte, daß *er* der Attentäter sein

Im Zusammenhang mit dem Unglückswagen, in dem der Erzherzog-Thronfolger und seine Frau erschossen wurden, gibt es eine merkwürdige Nachgeschichte. Mit einer einzigen Ausnahme erlitten alle Nachbesitzer darin schwere und beinahe immer tödliche Unfälle.

würde. Denn erstens hatte man mehrere, an verschiedenen Stellen des Weges postierte Männer vorbereitet, die Tat auszuführen (damit wollte man sichergehen, daß zumindest einer von ihnen Erfolg haben würde). Und zweitens wurde das Thronfolgerpaar nach einem ersten Anschlag – durch einen anderen Attentäter dieser Gruppe – nicht getroffen. Erst dadurch bekam Gavril Princip die einmalige »Chance«, mit seiner Tat Geschichte zu schreiben.

Doch damit noch immer nicht genug der sonderbaren Geschehnisse rund um die Ermordung Erzherzog Franz Ferdinands. Denn im Zusammenhang mit dem Attentat auf ihn gibt es sogar eine merkwürdige Nachgeschichte zum Fahrzeug, in dem der Thronfolger während des Anschlags saß: »Kurz nach Kriegsbeginn kam … (der) Wagen in den Besitz des österreichischen Generals Potiorek. Wenige Wochen später erlitt dieser eine katastrophale Niederlage durch die Serben bei Waljewo, fiel beim Kaiser in Ungnade und wurde nach Wien zurückgeschickt. Er konnte diese Demütigung nicht verwinden und starb in geistiger Umnachtung. Der nächste Besitzer des Wagens war ein österreichischer Hauptmann aus Potioreks Stab. Nach vier Unfällen in vier Monaten – bei einem verlor er einen Arm – verkaufte er das Unglücksauto an einen Arzt. Sechs Monate später wurde der Wagen, auf dem Dach liegend, in einem Graben gefunden. Der Arzt war im Inneren zu Tode gequetscht worden. Als nächstes wurde der Wagen an einen wohlhabenden Juwelier verkauft, der schon ein Jahr später Selbstmord beging. Danach war das Auto kurze Zeit in den Händen eines anderen Arztes, der aber froh zu sein schien, daß er es bald wieder los wurde; er verkaufte es an einen Schweizer Rennfahrer. Der wurde bei einem Rennen in den italienischen Alpen getötet … Der nächste Besitzer war ein serbischer Bauer. Als der Wagen eines Morgens nicht ansprang, bat dieser Mann einen vorbeifahrenden Bauern, ihn abzuschleppen – und wurde das zehnte Opfer des Unglücksautos. Da er vergessen hatte, die Zündung anzustellen, sprang der Wagen an, zerschmetterte Pferd und Wagen und überschlug sich. Der letzte Besitzer des Wagens war Tibor Hirschfeld, der Inhaber einer Werkstatt. Als er mit sechs Freunden von einer Hochzeitsfeier zurückkehrte … (gab es) einen Zusammenstoß, bei dem er und vier Insassen ums Leben kamen. Der Wagen gelangte dann in ein Museum in Wien, wo er von da an blieb.« (Kingston, 126f.)

Mit dem Museum in Wien ist das Heeresgeschichtliche Museum gemeint, das sich im 3. Gemeindebezirk befindet. Es liegt in unmittelbarer Nähe von Schloß Belvedere, der früheren Residenz des Erzherzog-Thronfolgers. In den Schauräumen des ehemaligen Arsenals kann der Unglückswagen bis heute besichtigt werden.

12.
Spuk im kaiserlichen Lustschloß in Hetzendorf

Als der damalige Erzherzog Karl, der nun schon so oft zitierte tatsächliche Nachfolger Kaiser Franz Josephs, im Jahr 1911 Prinzessin Zita von Bourbon-Parma heiratete, nahm er in der Thronfolge – nach Erzherzog Franz Ferdinand – zwar noch den zweiten Platz ein, stand aber schon als übernächster Kaiser fest. Als repräsentativen Wohnsitz hatte er anläßlich seiner Hochzeit Schloß Hetzendorf zum Geschenk erhalten, das für ihn und seine künftige Familie modernisiert und neu eingerichtet wurde. Das junge Paar sehnte den Tag des Einzugs in die prächtige Barockresidenz heran, ohne zu ahnen, daß ihm darin kaum ein Tag Ruhe vergönnt sein würde. Was innerhalb der folgenden zwei Jahre geschah, während der die anwachsende Familie in Hetzendorf wohnte, hat die Hauptbetroffene selbst, die spätere Kaiserin Zita, niedergeschrieben.

»*Im Januar 1913 bezogen Carl*) und ich mit dem damals 2 Monate alten Otto**) Schloß Hetzendorf.* (Kaiserin) *Maria Theresia hatte es für ihre Mutter bauen lassen, später hat es Königin Maria Carolina von Neapel, einer ihrer Töchter, als Asyl gedient. In den letzten Jahren hatte Carl dort kurze Aufenthalte mit seiner Mutter verbracht. Nun hatte es Kaiser Franz Joseph wunderschön renovieren lassen, da es unser dauerndes*

---

*) Zur Schreibung des Vornamens »Carl« und »Karl« siehe S. 124.

**) Erzherzog Otto, das erstgeborene Kind des Paares, kam im Jahr 1912 in der Villa Wartholz in Niederösterreich zur Welt, da die Arbeiten in Schloß Hetzendorf zum Zeitpunkt seiner Geburt noch nicht abgeschlossen waren.

Unter Kaiserin Maria Theresia wurde Schloß Hetzendorf errichtet. Es diente zunächst ihrer Mutter, Kaiserin Christine, als Witwensitz, später lebte eine ihrer Töchter, Königin Maria Carolina von Neapel, darin.

Zuhause in Wien werden sollte. Zunächst waren wir dort garnisonniert), aber auch später, wenn wir an anderen Orten der Monarchie leben sollten, war Hetzendorf als unser eigenes Heim in Wien gedacht.*

Das Schloß ist wunderschön gelegen, es gibt keinen Mißton in Stil oder in der Einrichtung, es verfügt auch über alle modernen Einrichtungen und Bequemlichkeiten. Hufeisenförmig im Grundriß, lagen die Wohnungen an den beiden Enden (damit sind die »Enden der Hufeisenform« gemeint*), während sich in der Mitte eine große Halle und darüber eine kleine Galerie befand. Eine monumentale Steintreppe führte dort hinauf. Vom*

*) Das bedeutet, daß das Paar damals in Wien hauptsächlich in Garnisonen, also in Truppenunterkünften, gewohnt hatte.

Hof aus gesehen waren unsere Zimmer im rechten Teil, die Kinderzimmer und die Schloßkapelle im linken Teil. Die Wohnräume lagen alle zur Gartenseite, also in Richtung Süden. Die Kapelle lag an der Nordseite. Küche und Dépendancen waren nicht im Haus, aber durch einen Gang damit verbunden. Sie verlängerten ebenerdig das Hufeisen, während der Haupttrakt einstöckig war (damit ist gemeint, daß er über einen aufgesetzten Stock verfügt, also eigentlich zweigeschoßig ist). *Der Reihe nach waren die Zimmer der Gartenfront so gelegen: Zuerst ein kleines unmöbliertes Debarras*)* (ein Abstellraum), *dann das große Schlafzimmer mit 2 Fenstern, anschließend ein 1fenstriges Toilettezimmer, dann ein sehr schmales Passagezimmer* (ein Durchgangszimmer), *ferner ein reizendes winziges Boudoir* (ein kleines Damenzimmer), *das nur den Nachteil hatte, wegen seiner wunderschönen Holzbeläge nicht beheizt werden zu dürfen, weshalb ich das davorliegende Passagezimmer als mein Schreibzimmer verwendete. Im Anschluß daran war mein großer Empfangssalon. Von hier ging man durch die Galerie und landete im großen Spielzimmer von Otto, dann kam das Chinesische Zimmer, voll von kleinen .....götzchen* (der Wortanfang ist unleserlich) *und endlich Ottos sehr großes Schlafzimmer mit als letztem Raum – einem Zimmer, das für die zunehmende Kinderschar gedacht war. So bin ich jetzt, von rechts nach links, die Südfront im ersten Stock abgegangen. Bemerken muß ich noch, daß die Badezimmer, manchmal auch dunklere große Zimmer, als dédoublements* (›Verdopplungen‹,

*) Die im folgenden häufig verwendeten französischen Begriffe rühren von der Mehrsprachigkeit Kaiserin Zitas. Als geborene – außerordentlich frankophile – Bourbonin, die ihr Leben allerdings hauptsächlich in Italien und in Österreich verbrachte, beherrschte sie Französisch, Italienisch und Deutsch als Muttersprachen. Mitunter griff sie beim Verfassen deutscher Texte aber auf französische Ausdrücke zurück, wenn sie ihr geläufiger waren.

spiegelbildlich angelegte, nebeneinander befindliche Räume) *hinter diesen Räumen lagen.*

(Im Erdgeschoß lief rechts) *und links der großen Halle … hinter den Zimmern oder deren dédoublements ein Gang, der diese Räume und die Nordseitenzimmer miteinander verband. Auf meiner Seite wohnte dort Dienerschaft (Kammerfrau, Mädchen, Erzieher). Auf der Kinderzimmerseite gab es …* (im oberen Stock) *aber nur eine Türe zur Nordseite, die in das Oratorium der Kapelle führte. Die Kapelle nahm die gesamte Höhe des Baues ein* (also beide Geschoße)*. Das Oratorium war sehr spazios* (großräumig), *die Kniebänke sehr tief, sodaß man beim Knieen gerade nur den Altar, dem man gegenüber war, sah. Im unteren Stockwerk befand sich unter dem Schlafzimmer das Toilettezimmer Carls. Man konnte von einer winzigen Passage zwischen dem Schlafzimmer und meinem hinten gelegenen Badezimmer (also ohne auf den Gang hinauszumüssen) eine kleine Wendeltreppe abwärtssteigen, die das unten liegende Toilettezimmer mit dem Schlafzimmer im ersten Stock verband. Diese kleine Treppe verfügte oben wie unten über je eine Türe und war mit einem Laufteppich belegt. Dann folgten, unter den oben beschriebenen Zimmern noch ein …* (unleserlich), *dann Carls Salon. Unter der kleinen Galerie war im selben Stil, aber ohne Ahnenbilder, dafür aber ganz in Stein, ebenfalls eine Galerie und dann kam man zu den Gästezimmern. Zuerst ein großer Salon, der als dédoublement einen sehr großen dunklen Raum hatte. Er wurde als Kammerfrauenzimmer, resp. als Garderobe der Gäste benützt. Anschließend an den Salon lag ein eher langgestrecktes, wenn auch nicht sehr tiefes Schlafzimmer. Dann ein Gang, der von Norden nach Süden die Flucht der Räume teilte. Von diesem Gang führte eine Türe in die Kapelle und eine in den Garten. Letztere war aber durch ein Gitter versperrt, der Schlüssel dafür war seit Jahren verloren. Da sie ohnehin nie benützt*

Die kleine Galerie in Schloß Hetzendorf: Sie liegt in etwa in der Mitte des Schloßgebäudes, im ersten Stock und verfügt über eine Serie von Ahnenbildern. Einen Stock tiefer befanden sich im Anschluß an die Galerie jene Gästezimmer, in denen kaum je ein Gast nächtliche Ruhe fand.

wurde, bemühte man sich auch nicht, einen neuen Schlüssel dafür anfertigen zu lassen. Jenseits dieses, mit eingebauten großen Kästen versehenen langen Ganges lag noch ein Gästezimmer und dann eine kleine, sehr hübsche, aber nie benützte Küche …

Ich war natürlich entzückt von Hetzendorf. Wer wäre es nicht gewesen? Der wunderschöne Garten ging in die Landschaft hinaus, man dachte gar nicht daran, daß man in der Stadt lebte. Auf der anderen Seite, von der oberen Halle aus, sah man über den Hof hinaus die lange gerade Straße, die am Tivoli (einer ehemaligen Wiener Vergnügungsstätte) *vorbei gegen Schönbrunn führt. Dort wartete ich zur Mittagszeit, um gleich Signal für die Küche zu geben, wenn von der Ferne das Auto Carls sichtbar wurde, der von der Kaserne zurückkam …*

Als wir Hetzendorf das erste Mal besichtigten, hatte mich Carl durch die ganze Herrlichkeit geführt. Als wir durch das letzte dunkle, mir – nach den vielen entzückenden Räumen – unsympathisch vorkommende Gästezimmer gingen, überfiel mich ein unangenehmes Gefühl. Irgendetwas erinnerte mich an eine unangenehme Begebenheit, ich fühlte mich darin überhaupt nicht wohl. Obendrein hing darin das Portrait einer Ahnin oder Ahnenverwandten dort, die mit stechenden, kleinen braunen Augen und strichdünnem Mund alles andere als wohlwollend aussah. ›Dieses Zimmer hätte ich nicht gerne‹, sagte ich spontan. Es sprudelte ohne viel Überlegung aus mir heraus. ›Hier spukt es womöglich.‹ Carl lachte. ›Wo denkst du hin? Ich habe immer in diesem Zimmer geschlafen, wenn Mama und ich in Hetzendorf waren. Und da hat es niemals gespukt!‹ – ›Desto besser‹, erwiderte ich, ›weil das auch gar nicht zu diesem wunderbaren Haus paßt, und ich mir bis jetzt auch nirgendwo vorstellen konnte, daß es spukt‹. In der nächsten Minute war alles vergessen, und ich lebte weiter von einem Entzücken zum nächsten.

Im Herbst nach unserem Einzug in Schloß Hetzendorf litt mein Bruder Sixte an einer Beinhautentzündung, die eine längere Zahnbehandlung notwendig machte. Er kam zu uns und wohnte in dem Zimmer, in dem das Bild der charmlosen Ahnin hing. Nach seiner ersten dort verbrachten Nacht erzählte er uns, daß er schlecht geschlafen hatte, was wohl auf seine geschwollene Wange zurückzuführen war. Als er aber auch in den folgenden Nächten kein Auge schließen konnte, fragte er Carl, ob er nicht in seinem Toilettezimmer nächtigen dürfe. Aus irgendeinem Grund konnte er in dem ihm zugewiesenen Gästezimmer nicht schlafen. Und wenn er einmal einschlief, dann wachte er mit einem Schlag auf und hatte dabei das Gefühl, daß ihn jemand beobachte. ›Ich glaube, es ist die schieche (häßliche) *Alte, die mich nicht ruhen läßt‹, sagte er lachend. Kaum war er im Toilettezimmer Carls installiert, schlief er von abends bis in der Früh in einem durch. Wir dachten nicht weiter darüber nach. Ich machte nur ein paar scherzhafte Bemerkungen über das ›Geisterzimmer‹, und damit war die Sache erledigt. Sixte hatte uns damals allerdings nicht erzählt, daß es in den Nächten im Gästezimmer auch ›spektakelte‹, rauschte und eine Menge anderer Geräusche gegeben hat.*

Sonderbarerweise waren auch die meisten meiner Nächte in Hetzendorf gestört. Allerdings auf eine andere Weise, wie Sixte es erlebt hatte. Immer, wenn wir dort wohnten, wurde ich in der Nacht aus dem tiefen Schlaf gerissen und rannte daraufhin – verschlafen und meist frierend – ans andere Ende des Hauses. Mir kam immer vor, die Kinderfrau, Frau Steininger, rief mich, dringend zu ihr zu kommen. Eiligst machte ich mich auf den Weg und lief durch Toilettezimmer, Boudoir, Schreibzimmer, Salon, durch die kleine Galerie, das Spielzimmer und schließlich durch das Chinesische Zimmer, bis ich endlich bei den Kindern angelangt war. Immer fand ich aber dasselbe Bild der Ruhe vor: Otto schlief in seinem Bettchen, und auch Frau Steininger. Bei meiner Ankunft sprang sie immer gleich hoch, um erschrocken zu fragen, was denn geschehen sei. Wenn ich ihr von den Rufen, die ich gehört hatte, erzählte, antwortete sie stets, daß sie mich nicht gerufen hatte. Das geschah beinahe jede Nacht, manchmal sogar mehrmals innerhalb einer Nacht. Obwohl sich bei meiner Ankunft immer dasselbe ruhige Bild bot, wagte ich – trotz der gemachten Erfahrung – nie, in meinem Bett zu bleiben. Denn die Rufe, die ich hörte, waren laut und deutlich.

Im Laufe des Jahres 1913 – ich kann mich nicht mehr an die genaue Zeit erinnern – verbrachte meine Schwester Maria Antonia eine Woche mit uns. Sie wohnte im langgestreckten Gästezimmer, und Thekla (ihre Kammerfrau), *die sie begleite-*

te, schlief im (dahinterliegenden) *dédoublement-Zimmer. Nach und nach – es begann sehr sanft und wurde schließlich immer lebhafter – kam Leben ins Zimmer von Tommy* (so wurde Prinzessin Maria Antonia innerhalb der Familie genannt). *Man hörte Schritte, Türen wurden geschlagen, überall war Rauschen und Seufzen zu hören. Auch bei Thekla hörte man Schritte im Zimmer, die Türe wurde laut aufgestoßen, und wenn sie Licht machte, wurde sie rasch und scheinbar lautlos wieder geschlossen. Thekla hatte zunächst die Hausleute in Verdacht (das sagte sie aber nur zu Tommy), daß sie sich einen Spaß daraus machten, die beiden Gäste zu stören. Tommy hütete sich, sie auf die richtige Spur zu führen, obwohl auch schon Thekla in Schwarzau*) einige Erfahrung gesammelt hatte. Sie sagte ihr, daß alte Böden bekanntlich krachen und sie über die liebevoll gemeinten Neckereien besser schweigen sollte. Als die Woche um war, reiste Tommy recht erleichtert ab.*

*Bald wurde Adelhaid**) geboren. Es war eisig kalt an jenem 3. Jänner 1914. Aber was für eine unbeschreibliche Winterpracht! Nahezu drei Wochen lang hatten wir Rauhreif gehabt. Die Bäume, die Büsche, alles war zum Märchen geworden. Und darüber, über allem Weißen und Glitzern, spannte sich ein tiefblauer Winterhimmel, und die Sonne ließ die Diamanten blitzen. Leider konnte ich das alles nur selten anschauen, denn ich lag tief in meinem Bett und litt unter der furchtbaren Kälte. Und das, obwohl das Haus sehr gut geheizt war. Die so sorgfältig eingesetzten neuen Fenster schienen nicht recht gut zu schließen. Mein Bett war – außer an der Wandseite – an den drei anderen Seiten von einem Paravent umgeben. Doch auch*

---

*) Schloß Schwarzau in Niederösterreich war damals einer der privaten Wohnsitze Herzog Roberts von Bourbon-Parma, des Vaters von Kaiserin Zita.

**) Erzherzogin Adelhaid war das zweite Kind des späteren Kaiserpaares.

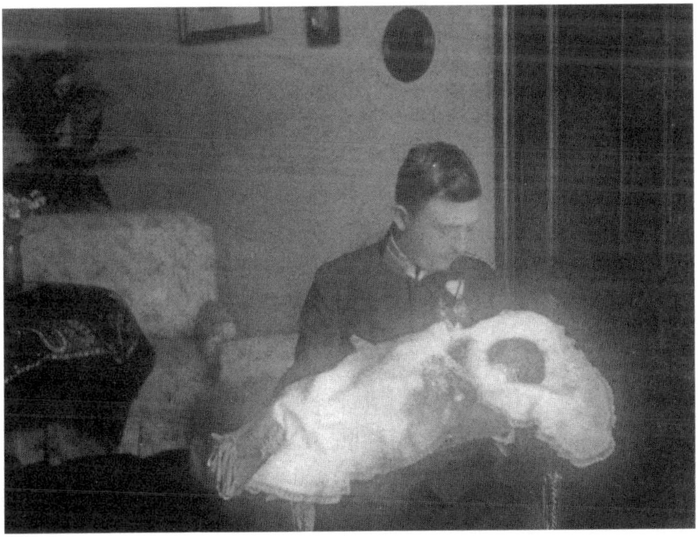

Kaiser Karl mit der neugeborenen Tochter Adelhaid (wohl in Schloß Hetzendorf). Während ihrer und ihres Bruders Otto Kleinkinderzeit kam es zu den meisten außersinnlichen Wahrnehmungen in Hetzendorf.

das nützte nichts. Der Zug war so stark, daß er ständig meine Schultern umwehte, mich völlig durchfror, ja er schien sogar meine Bettdecke wegzuwehen. Arbeiter wurden gerufen und meine beiden Fenster ganz ›verwürstelt‹ (damit ist wohl gemeint, daß man sie mit Pölstern und anderem Material abdichtete). *Als alles fertig war, wurde mein Schlafzimmer nur noch durch das danebenliegende Toilettezimmer gelüftet. Aber alle Arbeit hatte nicht wirklich geholfen. Ich fror noch immer und mußte mich damit abfinden.*

So lange ich in den Wochen war (damit ist die Kindbettzeit gemeint), *verstummten freundlicherweise die nächtlichen ›Rufe‹ von Frau Steininger, um nur wenig später wieder eifrigst zu beginnen. Diesmal wurden aber andere Leute gerufen. Einmal Frau Kral, meine sage-femme* (die Hebamme), *wurde von mir oder von Carl gerufen. Oft stand er in der Nacht vor ihrer Tür und bat: ›Frau Kral, kommen Sie bitte, die Erzherzogin braucht Sie!‹ Sobald die Frau aus ihrem Zimmer trat, war aber niemand da, und wenn sie bei mir anlangte, schlief ich ganz friedlich. Auch meine Rufe sollen sehr eindringlich gewesen sein. Frau Kral, die eine große Clientèle* (Kundschaft) *im ungarischen Adel hatte und in anderen Schlössern schon mit allen möglichen Erscheinungen konfrontiert worden war, faßte bald einen Verdacht. Als sie wieder einmal Carl die Wendeltreppe heraufkommen hörte, dann einige nicht so klar verständliche Worte von ihm im Schlafzimmer bei mir, endlich die Schritte sich durch den Débarras ihrer Türe nähern und den üblichen Ruf, riß sie rasch die Türe auf, vor der niemand stand. Jetzt hatte die erfahrene Frau den Beweis. Da sie aber besonders diskret war, erzählte sie niemandem von ihrem Erlebnis. Zuletzt wurde auch Carl gerufen. Er von Frau Kral, die ihn zu mir schickte. Jedesmal stürzte er voll Schreck die Wendeltreppe herauf und mußte – in meinem Schlafzimmer angekommen – feststellen, daß ich friedlich schlief.*

Inzwischen war Mama mit Maria Antonia (der schon früher anwesenden Schwester Kaiserin Zitas) *nach Hetzendorf gekommen. Sie bewohnten das langgestreckte Gästezimmer, während Thekla* (die bekannte Kammerfrau) *jenseits des Nord-Südganges in jenem Gästezimmer schlief, in dem Sixte niemals schlafen konnte. Tommy hatte diese Einteilung getroffen, weil sie wollte, daß Thekla nicht wieder in dasselbe Zimmer wie früher käme. Mama schlief in dem Bett, das Maria Antonia bei ihrem letzten Besuch innegehabt hatte. In den ersten Nächten ging alles ganz gut. Bald aber hörte man wieder Stöhnen aus Theklas Zimmer. Es schien unter ihrem Bett herauszukommen. Manchmal klang es wie ein tiefes Seufzen. Dann dieselbe Erscheinung wie bei Sixte. Sie hatte stets den Eindruck, daß nachts jemand neben ihr stehe und sie beobachte.*

Herzogin Maria Antonia von Parma mit drei Töchtern, die Nonnen wurden. Gemeinsam mit Prinzessin Maria Antonia (›Tommy‹ 2.v.re.) bewohnte sie die Gästezimmer von Schloß Hetzendorf, ohne dort je eine Nacht Ruhe zu finden.

Mama und Maria Antonia wehrten diesen Verdacht aber als unbegründet ab. Die Geräusche kämen vom Kohlenschaufeln unterhalb des Zimmers, das letztere bildete sie sich nur ein. ›Aber das Türenschlagen!‹, jammerte Thekla, ›Und die Schritte im Zimmer?!‹ Da sie sich von den beiden unverstanden fühlte, sagte sie: ›Wenn ich es das nächste Mal höre, rufe ich Königliche Hoheit!‹ – ›Gut, gut!‹, erhielt sie in gleichgültigem Ton zur Antwort. Thekla rief in den folgenden Nächten mehrmals nach Mama und Tommy. Als sie dann aber im Raum standen und das Licht brannte, war alles still. Thekla schwor ›ses grands dieux‹), daß es eben noch ganz laut zugegangen war. ›Und die Türe in den Garten schlagen sie auch immer zu!‹*

---

*) Wörtlich: ›bei ihren großen Göttern‹, sinngemäß ist damit ›hoch und heilig versprochen‹ gemeint.

Tommy kam zu mir und bat mich um den Schlüssel jener Gartentüre. Ich erklärte ihr, daß es den schon lange nicht mehr gab, und es war auch nie eine Order gekommen, einen neuen Schlüssel für die versperrte Türe herzustellen. Ich wußte nicht, wofür Tommy diesen Schlüssel benötigte, ging mit ihr aber zu der Türe, um nichts anderes festzustellen, als daß sie verriegelt und versperrt war.

In den folgenden Nächten gab es immer häufiger immer lautere Schritte, die diesmal auch das Zimmer von Mama und Tommy heimsuchten. Es wurde immer lebhafter. Jede Nacht mußten sie aufstehen und das Licht anmachen, um wieder Ruhe herzustellen. Schließlich schienen die Schritte in verschiedene Richtungen zu laufen, die Geräusche wiederholten sich, plötzlich hörte man ungemein schwere Tritte durch den Salon. Es klang, als ob jemand sehr Schwerer laufend daherkäme. Die Schritte gingen dann durch das Schlafzimmer und richteten sich schließlich gegen den Nord-Südgang. Bevor sie ihn diesmal erreichten, rauschte ein Flügelschlag über Maria Antonias Kopf, und eine eiskalte Hand fuhr über ihr Gesicht. Mit einem Schrei sprang sie aus dem Bett. Noch bevor es ihr gelang, eine Lampe anzuzünden, hörte man ein Stampfen vom Gang und dann mit einem furchtbaren Krach alle Kästen zusammenstürzen. Ganz deutlich konnte man das helle Klingen der auf den Boden fallenden Kleiderhaken vernehmen. Der Spuk endete, als die Gartentüre aufgerissen und dann wieder ins Schloß zurückgeworfen wurde. Tommy machte einen Satz zum Fenster und streckte den Kopf hinaus, konnte aber nur die unbewegt vor der Türe stehende Militärwache sehen. Erstaunt schaute der Soldat zum Fenster hinauf. ›Wer ist denn da eben durch diese Türe hinausgegangen?‹ Der Mann antwortete, daß niemand vorbeigekommen sei. Tommy trat zurück, ging gemeinsam mit Mama zur Türe und öffnete sie. Auf dem Gang trafen sie Thekla, die –

schneeweiß im Gesicht – eben auch aus ihrem Zimmer kam. ›Jetzt haben es Königliche Hoheit aber auch gehört!‹ sagte sie wohl zitternd, aber doch mit einem kleinen Triumph in der Stimme. Doch was war mit den Kleidern in den Schränken geschehen? – Nicht die kleinste Veränderung herrschte dort. Alle Kästen standen vollständig da, und innen hingen die Kleider in perfekter Ordnung. Nichts, aber auch gar nichts hatte sich darin verändert.

All dieser nächtliche Spuk wurde vor mir geheimgehalten. Mama und Tommy fanden es unnütz, mich mit solchen Erzählungen zu erschrecken. Sie wollten es mir zu einem späteren Zeitpunkt sagen und mir vorschlagen, die Räume einmal auszuweihen).*

Zu dieser Zeit nahm Carl bis in die Nacht hinein seine Generalstabkurse, worin ihn Oberst von Zeidler unterrichtete, und oftmals, wenn ich merkte, daß die Diskussion recht flott vonstatten ging, sie also lange dauern würde, verrichtete ich mein Nachtgebet und zog mich dann bald in mein Schlafzimmer zurück. Ich betete immer im Oratorium, also oben im ersten Stock des Gebäudes. Einmal war ich längere Zeit unten (im Nebenraum der zwei diskutierenden Männer) *geblieben und dachte daran, gleich von dort in die Kapelle zu gehen. Ich fand aber die Türe versperrt. So ging ich hinauf. Kaum war ich im Oratorium angelangt, hörte ich jemand unter mir in der Kapelle Rosenkranz-Beten. Ich glaubte, Fräulein Löw, die Wirtschafterin, zu hören. Da fiel mir ein, daß ich mit ihr noch etwas zu besprechen hatte und sagte leise: ›Fräulein Löw …‹ Ich erhielt keine Antwort, und das Rosenkranz-Geraspel hörte mit einemmal auf. Dann rief ich etwas lauter und noch einmal, bekam aber wieder keine Antwort. Ich betete weiter, als plötzlich auch*

---

*) S. S. 127 ff.

wieder der Rosenkranz unter mir zu raspeln begann. Die Beterin seufzte und schnurchelte ihre Tränen herauf. Also versuchte ich wieder, mit ihr Kontakt aufzunehmen. Abermals keine Antwort. Dann sagte ich: ›Bitte, wer ist denn da unten?‹ Vollkommene Stille. Das ging so ein ganzes Weilchen. Schließlich war das zerstreute Abendgebet fertig. Ich nahm die Treppe zum unteren Stock und versuchte noch einmal, in die Kapelle zu gelangen. Sie war aber nach wie vor versperrt. Ich ging wieder hinauf. Vom Oratorium aus konnte ich meine Beterin noch immer schnurcheln und an ihrem Rosenkranz raspeln hören. Durch nichts auf der Welt konnte ich sie aber bewegen, ›Stimme‹ zu geben.

Ich vermutete, daß die Frau über den Kücheneingang in die Kapelle gelangt war, der außerhalb des Gebäudes lag. Also ging ich dorthin, fand aber auch diese Kirchentüre wohl versperrt. Zurück im oberen Stock versuchte ich, die ständig Seufzende durch ziemlich laute Zurufe zu bewegen, sich zu offenbaren. Daraufhin verstummte sie einige Minuten lang. Bald aber begann sie wieder mit ihrem Seufzen, Renifliieren (Nasenverziehen) *und Rosenkranzschütteln. Ich überließ sie ihrer Tätigkeit und ging. Als am nächsten Morgen Fräulein Löw zum täglichen Rapport kam, sagte ich ihr, daß ich sie am vergangenen Abend in der Kapelle sprechen wollte, daß sie mich aber offensichtlich nicht gehört hatte. Sie antwortete, daß sie nicht dort gewesen war. Sie hatte schon oft versucht, einen Schlüssel für die Kapelle zu bekommen, um am Abend dort beten zu können, aber auch um sie einmal reinigen lassen zu können. Doch hieß es, daß unser Kaplan, der ein alter und schwerkranker Mann war, den einzigen Schlüssel besaß. Da er aber an einer unüberwindlichen Furcht litt, es könnten Diebe in die Kapelle eindringen, verschloß er sie, sobald er seine Danksagungen gebetet hatte, und so konnte eben niemand mehr hinein.*

Blick zum Altar der Schloßkapelle von Hetzendorf. Vom Oratorium aus hörte Kaiserin Zita allabendlich das »Schnurcheln« und »Raspeln« einer unbekannten Frau, die dort ihren Rosenkranz betete.

Fräulein Löw wollte nun erkunden, ob es nicht doch einen zweiten Schlüssel gäbe. Nach einigen Stunden Forschungsarbeit kam sie mit der Meldung zurück, daß wirklich nur dieses eine Stück existierte. Der Kaplan trug ihn während des Tages in seiner Tasche, in der Nacht lag er unter seinem Kopfpolster. – Fräulein Löw legte sich nun auf die Lauer und mußte bald feststellen, daß zwar nie jemand in die Kapelle ging, daß man aber doch oft die leise Stimme hörte. Als der Kaplan gestorben war, bekam Fräulein Löw den Schlüssel und übernahm fortan den Sperrdienst. Trotzdem konnte man abends vom Oratorium aus stets das Seufzen der armen ›Schnurchlerin‹ hören … Ich frage mich oft, ob sie heute noch immer seufzt? Und ob sein böser Nachbar noch immer durch die Zimmer stampft …« (undatierte Niederschrift Kaiserin Zitas)

13.
Maria-theresianische Erscheinungen in Schloß Schönbrunn zur Zeit des Ersten Weltkriegs

Die folgende Geschichte stammt abermals aus dem schriftlichen Nachlaß Kaiserin Zitas. Sie wurde – wie alle anderen in diesem Band wiedergegebenen paranormalen Erlebnisse – noch nie veröffentlicht. Vorgefallen ist sie in der ersten Hälfte des Ersten Weltkriegs, also während der Zeit, als Kaiser Franz Joseph lebte und regierte (zwischen 1914 und 1916). Der damalige Thronfolger, Erzherzog Carl*), war im Kriegseinsatz an der Front, seine Frau Zita, die Kinder und die engsten Gefolgsleute hatte man aus Sicherheitsgründen von Schloß Hetzendorf**) nach Schönbrunn verlegt.

»*Nora Nostiz, meine hübsche Hofdame* (also die Hofdame von Kaiserin Zita), *war über ihr neues Zimmer in Schönbrunn restlos beglückt. Das teilte sie mir mit fröhlichem Lächeln mit, als wir uns am Abend unserer Übersiedlung von Hetzendorf nach Schönbrunn zum Souper niedersetzten. Kaiser Franz Joseph hatte uns dorthin geholt, da er nicht wollte, daß die Kinder und ich im etwas entlegenen Hetzendorf blieben, an dem die Südbahn ganz nahe vorbeifährt und der Park nicht umzäunt ist. Außerdem waren auch die meisten Polizisten einberufen, weshalb es also auch an Wachpersonal mangelte. Nach*

---

*) Damit ist abermals der später regierende, letzte Herrscher von Österreich gemeint. Zur verschiedenen Schreibung des Vornamens von Kaiser Karl s. S. 124.
**) Schloß Hetzendorf verfügte über keine durchgehende Umzäunung. Der Park konnte von Fremden jederzeit betreten werden. Außerdem waren dort nur einige wenige Wachleute postiert, während in Schloß Schönbrunn zahlreiches Schutzpersonal zur Verfügung stand.

Kaiserin Zita mit ihren beiden ältesten Kindern im Park von Schönbrunn. Diese Aufnahme entstand während des Ersten Weltkriegs, kurz nach der Übersiedlung von Hetzendorf, als Kaiser Franz Joseph die Familie des nunmehrigen Thronfolgers aus Sicherheitsgründen dorthin holte.

allem, was passiert war (damit sind die Mordanschläge auf Kaiserin Elisabeth und den Erzherzog-Thronfolger gemeint*), wollte der Kaiser allergrößte Vorsicht walten lassen. Eben war sein Erbe und Großneffe* (Erzherzog Carl, Zitas Ehemann) *an die Front abgegangen. Wenigstens sollte dessen Sohn* (der Älteste, Erzherzog Otto) *aufs beste geschützt sein … bis sein Vater wieder glücklich nach Hause zurückkehrte. Also lebten wir fortan in Schloß Schönbrunn.*

Ich bekam im zweiten Stock das sogenannte Braunschweig-Appartement zugeteilt, das wahrscheinlich nach Kaiserin Maria Theresias Mutter) benannt wurde. Hatte sie darin*

*) Mit Kaiserin Maria Theresias Mutter ist die geborene Prinzessin Elisabeth-Christine von Braunschweig-Wolfenbüttel gemeint. Sie war die Ehefrau Kaiser

gelebt? Ich weiß es nicht. Es konnte mir auch niemand darüber Auskunft geben. ›In Schönbrunn darfst Du Dir nie Auskunft über Räume erwarten. Hier stimmen nicht einmal die Namen, die unter den Familienportraits stehen. Alles wurde immer verwechselt‹, erklärte mir einmal lachend Kaiser Franz Joseph. Nur eine einzige Einwohnerin hat es zustandegebracht, daß man sich ihrer bis in unsere Tage erinnert und man sogar noch weiß, in welchem Raum sie in Schönbrunn gewohnt hatte: Fürstin Wilhelmina Auersperg.

›Also Ihr Appartement gefällt Ihnen, Gräfin?‹, fragte ich. – ›O ja, und wie schön der Blick gegen die Gloriette ist! Und der Salon hat eine so gute Proportion. Das Schlafzimmer ist klein, kosig, hat nur eine Türe gegen den Salon. Und ... kaiserliche Hoheit wissen doch, wie gerne ich violett habe! Mein Schlafzimmer ist doch tatsächlich mit violetten Motiven auf hellem Grund tapeziert ... Das ist wirklich zu hübsch!‹

*Als Nora Nostitz und ich am nächsten Mittag beim Déjeuner**) saßen, fiel mir die Konversation sehr schwer. Zu viele Gedanken stürmten durch meinen Kopf. Aber ich konnte mich auf Noras sonnige Veranlagung verlassen. Ihr fiel das gemeinsame Unterhalten immer leicht. Außerdem hatte sie mir auch etwas Außerordentliches zu erzählen ... einen Traum, der sie*

Karls VI., des letzten männlichen Habsburger Herrschers. Allerdings war kurz zuvor auch noch eine andere Verbindung mit einer Braunschweigerin zustandegekommen: Denn auch Karls VI. älterer Bruder, Kaiser Joseph I., hatte sich mit einer Prinzessin dieses Geschlechts verbunden. Seine Ehefrau, Prinzessin Wilhelmine Amalie, stammte aber aus dem Zweig der Herzoge von Braunschweig-Lüneburg. Da Schloß Schönbrunn unter maßgeblicher Beteiligung Kaiser Josephs I. gebaut wurde, ist es also auch denkbar, daß sich der Name von einem Appartement ableitet, das seine Ehefrau bewohnte.

**) Wörtlich übersetzt bedeutet »Déjeuner« Frühstück. Die Habsburger bezeichneten mit diesem Wort aber eine Art zweites Frühstück, das sie um 12 Uhr einnahmen. Nur wenn sie von »Frühstück« sprachen, meinten sie wirklich die erste Mahlzeit des Tages.

seit der Nacht sehr beschäftigte und den sie eigentlich schon früher erzählen wollte. Da ihr Vormittag aber mit Auspacken und Aufräumen ausgefüllt war, so mußte sie sich die Erzählung bis dahin aufsparen. ›Ist es nicht merkwürdig, wie Leute oft etwas im Unterbewußtsein sehen, es nicht realisieren und es ihnen dann im Traum in irgendeiner eigentümlichen Form vor die Augen tritt‹, fing sie ihre Geschichte an. Dabei zog sie heftig an ihrer Halskette, was sie gerne tat, wenn sie erregt war. ›Und wie haben Sie diese Wahrheit entdeckt?‹, frug (sic) *ich sie lächelnd. – ›Kaiserliche Hoheit erinnern sich daran, als ich gestern abends sagte, daß mein Zimmer nur eine Türe in den Salon hat? Es wunderte mich umso mehr, als ich bemerkte, daß das Zimmer der Längsseite nach an den Gang lehnt und man also einen richtigen Umweg machen muß, um von dort in diesen Gang zu gelangen. Als ich mich abends so richtig über die schönen violetten Motive freute, blieb mein Blick unwillkürlich an einer kleinen Nahtstelle in der Wand haften, während ich mir dachte: Komisch, daß hier keine Türe ist! Diese Stelle ist mir dann im Traum als Rand einer ehemaligen Tapetentüre klargeworden, die eben genau zu dem danebenliegenden Gang führt. Allerdings war im Traum alles viel komplizierter. Ich glaubte, aufgewacht zu sein, weil mein Bett einen leichten Ruck gemacht hatte. Ich schaute nach hinten – kaiserliche Hoheit wissen ja von meiner gestrigen Beschreibung, daß mein Bett in der rechten Ecke steht, also mit dem Kopfende und der linken Seite an der Mauer lehnt – und bemerkte, wie eine Hand mein Bett von der Mauer wegschob. Diese Hand wurde durch eine leicht geöffnete Tapetentüre gestreckt. Sie schob und schob immer stärker, und schließlich kam durch den nun weit geöffneten Türspalt eine Dame herein. Ich war sehr erstaunt und fragte mich, was sie von mir wollte. Sie ging aber nur an der freien Bettseite an mir vorbei. Im Traum setzte ich mich auf, die Frau war mitt-*

lerweile am Fußende neben der Salontüre angelangt. Dort blieb sie stehen. Sie hatte ein Kleid an, wie es unter Kaiserin Maria Theresia Mode war. Vorne an der Corsage hatte sie eine große violette Seidenschleife, ihr Gesicht habe ich nicht gesehen, wohl aber ihre wunderschönen Hände. Sie waren so schön, daß ich darüber alles andere vergaß. Sie hielt sie übereinander, eine weiter nach vorne gestreckt, eine mehr zurückgezogen, an die Bettkante gelehnt. Ich wußte nicht, was ich ihr sagen sollte. Sie blieb so eine Zeit lang unbewegt, ging dann zur Salontüre und von dort hinaus.

Als ich in der Früh aufwachte, fiel mir sofort wieder der Traum ein. Mein Bett war natürlich nicht verschoben, aber ...‹, Nora errötete violent (heftig) *und lächelte sichtlich intriguiert* (neugierig machend), *›die Türe war jetzt sichtbar!‹ – ›Das bestätigt also Ihre Theorie.‹ Nora nickte und freute sich über meine Antwort.*

Am nächsten Tag zu Mittag. ›Ich muß gestern abends etwas gegessen haben, das mir arg im Magen liegen blieb. Denn ich habe in der Nacht wieder von der Dame mit den schönen Händen geträumt. So etwas geschieht mir nur bei Fieberanfällen, daß sich die Träume wiederholen.‹

Acht Tage später fragte ich: ›Gräfin, was ist aus Ihrer Dame mit der violetten Masche und den schönen Händen geworden? Träumen Sie noch immer von ihr?‹ Nora wurde sichtlich rot und lächelte verlegen: ›Ja, jede Nacht habe ich denselben Traum!‹ – ›Hören Sie,‹ rufe ich entsetzt, ›ich bitte noch heute um ein anderes Appartement für Sie! In diesem Zimmer bleiben Sie mir nicht! Gehen Sie für die kommende Nacht zu Ihren Eltern schlafen.‹ Aber Nora verlegte sich auf's Bitten und auf's Flehen. Sie wollte genau in diesem Zimmer bleiben. Es gefalle ihr dort, und außerdem sollte es nicht so aussehen, als ob sie Angst darin hätte. Sie versprach, mir sofort zu melden, falls es

Schloß Schönbrunn wurde während des Ersten Weltkriegs mehrfach Schauplatz von maria-theresianischen Erscheinungen. Gräfin Nostitz, die Hofdame Kaiserin Zitas, traf dort beinahe allnächtlich mit Fürstin Wilhelmina Auersperg, der Geliebten Kaiser Franz I., zusammen.

ihr unangenehm würde. Und dann wollte sie in eine andere Wohnung ziehen.

Ein paar Tage später erzählte mir Nora, daß sie ihrer Dame nun sogar einmal nachgelaufen war – durch den Salon und zur Gangtüre hinaus – und dort um ein Haar mit einem Gardisten zusammengestoßen ist. Zum Glück gelang es ihr noch, bevor sich der Mann umdrehen konnte, sich hinter die Salontüre zu retten). Aus dieser Deckung heraus frug sie ihn, ob jemand bei der Türe herausgekommen war. Nein, es war niemand weder heraus- noch zu ihr hineingekommen, er stehe schon ein Weilchen auf seinem Posten. Durch den Spalt der Türe lugend, bemerkte sie, daß sich der Gardist über ihre Frage gar nicht wunderte. Offenbar war ihm die Sachlage nicht neu. Trotz dieser Bege-*

---

*) Diese Bemerkung bezieht sich ausschließlich auf die Schicklichkeit: Da die Gräfin im Nachtgewand war, durfte sie der Mann von der Wache in dieser unvollständigen Kleidung nicht sehen.

benheit weigerte sich Nora aber auch weiterhin, aus der Wohnung auszuziehen. Schließlich kam mir die Kälte zu Hilfe, denn man durfte dieses Appartement (wegen der wertvollen alten Möbel aus Holz) *im Winter nicht heizen. Am ersten kühlen Herbsttag ergriff ich die Gelegenheit und bat – ohne sie zu fragen – um beheizbare Zimmer für sie. Von mir überrumpelt, nahm sie die neue Wohnung dankbar an, die sie sofort bezog. Da sie auf demselben Stockwerk lag wie die vorherige, ging die Übersiedlung rasch vonstatten. Als Nora zum soundsovielten Mal mit einem Arm voll Gepäck über den Gang ging, hörte sie einen alten Hausdiener zu einem anderen sagen: ›So lang wie die hat's noch keiner in dera Wohnung ausg'halten! Bis jetzt waren's alle nach zwa Tag wieder draußen! Des hätt i net denkt, daß eine so lang hermacht. Die hat scho a Schneid!‹*)*

Im folgenden Frühling fuhren wir nach Bruck an der Leitha (einem Ort in Niederösterrreich) *und déjeunierten bei Graf und Gräfin Otto Harrach. Nach dem Essen führten uns die Gastgeber durch ihr schönes Schloß. Ich ging mit dem Schloßherren und der Schloßfrau voraus, Nora unterhielt sich freundlich mit dem jüngeren Volk und blieb ziemlich zurück. Inzwischen gelangten wir in ein Zimmer mit rundem Grundriß, in dem lauter ovale Portraits ziemlich hoch an der Wand hingen. Es wurde mir erklärt, daß dies die Hofdamen Kaiserin Maria Theresias waren, die sie portraitieren hatte lassen. Hintereinander wurden die Namen citiert* (genannt) *oder zu entziffern versucht. Während dieser Arbeit traf Nora ein, die, um die bisherigen Erklärungen gekommen, eher uninteressiert herumblickte. Plötzlich starrte sie gebannt auf eines der Portraits,*

---

*) Übersetzung des alt-wienerischen Texts: »So lange wie sie hat es noch niemand in dieser Wohnung ausgehalten. Bis jetzt waren alle nach zwei Tagen wieder ausgezogen. Das hätte ich mir nicht gedacht, daß eine (Frau) das solange aushält. Die hat Mut!«

Blick vom Schloß in den Park von Schönbrunn (zur Gloriette). Hier begann jeweils der nächtliche Gang von Fürstin Wilhelmina Auersperg, der dann über die große Freitreppe hinauf in die große Galerie und über die Wendeltreppe in den nächsten Stock führte.

ihr Gesicht verfärbte sich, und ihr Mund öffnete sich wie zu einem Ausruf. Darüber beunruhigt vergaß ich ganz auf unsere Gastgeber, die sich wiederum bemühten, den unter dem von Nora fixierten Portrait stehenden Namen zu lesen. Ich schaute hin und sah eine Dame in Corsage mit darauf befestigter Schleife, ein wunderschönes Händepaar übereinandergelegt, die beinahe aus dem Rahmen zu hängen schienen ... ›Fürstin Auersperg!‹ rief eben Graf Harrach. ›Ja, natürlich! Sie war für ihre schönen Hände berühmt, weshalb sie auch so prominent portraitiert wurden.‹ – ›Richtig, Fürstin Auersperg‹, wiederholte nun Gräfin Harrach, die zur Entzifferung des Namens auf einen Sessel gestiegen war. ›Du solltest sie ja eigentlich kennen, Nora ...‹ – ›Wieso denn?‹ fragte sie äußerst überrascht zurück. ›Nach allem, was ich gehörte habe, bewohnst du in Schönbrunn ihr Appartement, wo sie angeblich noch immer umgeht.‹

Nachdem wir nun die Identität der nächtlichen Erscheinung kannten, fügte sich Baustein an Baustein. Jeder wußte noch ein kleines Detail über die Geschichte, und Nora war ganz zufrieden, alles nacheinander zu erfahren.

Wilhelmina Auersperg) war eine der schönen Hofdamen Kaiserin Maria Theresias gewesen und hatte das volage* (flatterhafte) *Herz von deren Ehemann, Franz Stephan von Lothringen**), erobert. Als Maria Theresia sich das Idyll immer stärker entspinnen sah, verheiratete sie die gefährdete Hofdame mit dem Fürsten Auersperg, der fern von Wien lebte. Franz Stephan retournierte, indem er dem Fürsten eine hohe Hofcharge verschaffte, woraufhin er öfter in Wien sein mußte. Man veranstaltete ›rendez-vous‹ im Teehaus des Schönbrunner Schloßgartens, wo sich im Schutz der Nacht Franz Stephan und Wilhelmina nähergekommen zu sein schienen. ›Die Freud ist kurz, die Reu ist lang!‹, sagt ein altbekanntes Sprichwort, demzufolge die Fürstin ihren Ausrutscher bis heute büßen muß. Denn seit ihrem Tod ist sie schon in vielen Nächten erschienen. Meist kommt sie langsam die Alleen vom Teehaus heruntergeschritten, über die große Freitreppe hinauf, dann in die große Galerie und über die Wendeltreppe in den nächsten Stock. Ihr Anblick war dort sogar schon den Gardisten bekannt. Ihr Weg führt dann weiter über den Gang bis hin zur Tapententüre ihres ehemaligen Schlafzimmers, in dem sie verschwindet. Und hier fängt dann für den jeweiligen Bewoh-*

---

*) Wilhelmina Auersperg war der eheliche Name der (mutmaßlichen) Geliebten Kaiser Franz I. Sie wurde 1738 geboren, war die Tochter Graf Reinhard Khevenhüllers und heiratete in dessen zweiter Ehe den um 17 Jahre älteren Reichsfürsten Johann Adam Auersperg. Ihr kaiserlicher Freund war ihr im Alter allerdings sogar um dreißig Jahre voraus.

**) Herzog Franz Stephan von Lothringen wurde nach dem Tod seines Schwiegervaters, Kaiser Karls VI., nächster römisch-deutscher Herrscher und trug ab dann den Namen Kaiser Franz I.

ner des Zimmers der Besuch an.« (undatierte Niederschrift Kaiserin Zitas)

Kurz nachdem Gräfin Nora Nostitz vom Braunschweig-Appartement in eine friedlichere Zimmerflucht übersiedelt war, hatte Kaiserin Zita in einer anderen Wohnung in Schloß Schönbrunn ein ähnliches nächtliches Erlebnis. Es dürfte sich bei der Besucherin sogar um dieselbe Dame gehandelt haben. Da Wilhelmina Auersperg – laut verschiedenster Augenzeugenberichte – während ihrer Gänge die verschiedensten Teile des Schlosses streifte, war es durchaus möglich, daß sie dabei auch in das Appartement des damaligen Thronfolgerpaares gelangte. Kaiserin Zita hat die Rokoko-Dame allerdings nur einmal gesehen, das nächtliche Erlebnis aber notiert und ihrer Schriftensammlung beigefügt.

»*Eines Tages während des Ersten Weltkriegs war beschlossen worden, daß die Kinder und ich, die wir seit unserem Einzug in Schönbrunn im sogenannten Braunschweig-Appartement**) *gewohnt hatten, in ein anderes Appartement ziehen sollten. Warum das so war, ist mir nicht mehr erinnerlich, vielleicht habe ich den Grund aber auch damals nicht gekannt. – Es wäre mir lieb gewesen, die Übersiedlung hätte an einem Tag stattgefunden, an dem Carl von der Front zu einer seiner kurzen Anwesenheiten daheim gewesen wäre. Aber – und ich verstand es – die Leitung des Hauses***) *wollte, daß er uns bereits in dem*

---

*) S. dazu die Fußnote auf S. 189 f.

**) Das ist eine der nettesten Eigenschaften der Habsburger, daß sie sich Dienststellen – wie sie die »Leitung des Hauses« darstellte – jederzeit und ohne Widerrede fügten. Eigentlich waren ja sie die obersten Chefs und hätten immer alle Pläne umwerfen können. Wenn aber ein Beamter einmal einen Entschluß gefaßt hatte, dann hat man sich ihm widerspruchslos gefügt. Das galt für Zimmer- und Übersiedlungseinteilungen ebenso wie für die Pläne des Küchen- oder anderen Personals. Als »strengste Befehle« galten die der Förster während der Jagdzeiten: So hohen Instanzen hätte sich nicht einmal der Kaiser widersetzt, geschweige denn ein Erzherzog.

Kaiserin Zita (hier mit ihrer ältesten Tochter Adelhaid) mußte während des Aufenthalts in Schloß Schönbrunn einmal die Wohnung wechseln. Sie zog vom Braunschweig-Appartement in eine tiefer liegende Zimmerflucht, wo auch sie Zeugin einer Erscheinung wurde.

neuen Appartement installiert finden sollte. So erhob ich also keinen Einspruch dagegen, und wir übersiedelten von oben nach unten. Bald befand ich mich also im neuen Schlafzimmer. Der düstere Raum war riesengroß. Ich nannte ihn »die Reitschule«, man hätte jederzeit Turniere darin abhalten können. Düster war es eigentlich nur deshalb, weil ich am späteren Abend nur die kleinen Tischlämpchen anzünden konnte. Die großen Lüster wurden von draußen, vom Vorzimmer aus angezündet resp. ausgelöscht. Zog ich mich zurück, so wurden sie ausgelöscht, meist schon lange vorher, da ich die Leute, die damit beauftragt waren, auch nicht unnötig warten lassen wollte.

Wenn man in meinem neuen Schlafzimmer zu den Fenstern blickte, dann hatte man zur Linken zwei aufeinanderfolgende

Salons, zur Rechten war es etwas komplizierter. Der Hofteil des Zimmers grenzte an ein kleines Boudoir, an dessen Wand Zeichnungen von Kindern Maria Theresias hingen. Die hinterste Stelle des Raumes, die meinem Bett am nächsten lag, hatte ebenfalls eine Türe. Sie führte in eine kleine, hakenförmig verlaufende Passage und dann weiter in das Badezimmer der Kinder. Ottos Zimmer lief parallel zu meinem, war allerdings durch das Boudoir und die Passage getrennt. Hier war das Ende des Schloßflügels erreicht. Während mein Schlafzimmer Front gegen den Hof machte, sah Otto in seinem Zimmer bereits in den Garten gegen Meidling.

Ich legte mich zeitig nieder, wurde aber schon bald wieder jäh aus dem Schlaf gerissen. Ich öffnete die Augen und setzte mich erstaunt auf, da die Türe zur kleinen Passage weit geöffnet stand und von dort mildes Licht – offenbar der Schein von Kerzen – hereinströmte. Ein Lakai mit gepuderter Perücke und entsprechender Bekleidung hielt die Türe offen, während er sich vor jemandem tief verneigte, den ich nicht sehen konnte. Ich hörte aber das typische Rauschen des langen Seidenkleides, das frou-frou (Rascheln) *der großen Reifröcke. Es würde wohl nur noch ein paar Sekunden dauern, bis die Dame in der Türe erschien. Doch plötzlich war alles wieder dunkel und vollständige Stille um mich herum. Ich war schweißgebadet und mein Herz schlug, wie wenn man die große Trommel schlug. Es dauerte längere Zeit, bis ich mich wieder beruhigt hatte, dann schlief ich wieder ein.«* (dies., undatiert Niederschrift)

Diese kurze Geschichte hat Kaiserin Zita mit keiner weiteren Anmerkung versehen, weshalb wir diesmal also auch nicht erfahren, ob die Erscheinung schon früher von anderen Bewohnern wahrgenommen wurde. Es wäre aber denkbar, daß sie niemandem davon erzählte (und deshalb auch keine Bestätigung von ähnlichen Wahrnehmungen erhielt),

Das Kaiserpaar auf Truppeninspektion während des Ersten Weltkriegs. Nachdem Karl von seinem Großonkel das Kaiseramt übernommen hatte, begann für ihn als Oberbefehlshaber ein Leben im Wagen zwischen den Fronten. Furchtlos begleitete ihn seine Frau auf den meisten Reisen.

weil sie sich für die damals empfundene Angst schämte. Denn eigentlich war sie – wie ihre Mutter und ihre Schwestern – selten durch etwas zu erschrecken oder zu beeindrucken. Sie hatte nicht einmal Angst vor einem gewaltsamen Tod. Das konnte sie im Zuge mehrerer Reisen und zahlreicher Flucht- und Irrfahrten während der beiden Weltkriege beweisen. Am stärksten hat sie reagiert, als man ihrem Ehemann Kaiser Karl eines der härtesten Angebote seines Lebens unterbreitete. Als ihm die neuen Machthaber nach Ende des Ersten Weltkriegs Papiere zur Unterschrift vorlegten, in denen er seinen Verzicht an der Regierung in Österreich bestätigen sollte, schlug Zita ihm vor, die Unterschrift zu verweigern. Sie wollte sich lieber gemeinsam mit ihm hinrichten lassen, als diese Schmach zu erleiden.

14.
Das Krönungsbild

Die folgende schaurige Geschichte, die sich anläßlich der Krönung Kaiser Karls zum König von Ungarn*) in Budapest ereignet haben soll, ist mit einiger Vorsicht zu behandeln. Sie stammt zwar aus dem schriftlichen Nachlaß Kaiserin Zitas, die sie auch mit bestem Wissen und Gewissen wiedergab, es wäre aber durchaus möglich, daß sie im Zuge der Ereignisse, die sie nicht alle selbst miterlebte, im nachhinein als »Zeugin« mißbraucht wurde. Wie auch immer: Die Erzählung soll der Vollständigkeit halber wiedergegeben werden, und jeder vermag sich sein eigenes Urteil darüber zu bilden.

»Es war der 30. Dezember 1916. Die Kanonen dröhnten seit dem frühen Morgen, denn heute sollte die Sankt Stephanskrone (die ungarische Königskrone) *auf das Haupt des apostolischen Königs gesetzt werden. Eine Tausend Jahre alte Zeremonie würde in wenigen Stunden beginnen und damit enden, daß der Nachfolger des hl. Stephan dessen Krone erhielt und auch dessen Bürde zu übernehmen versprechen werde.*

Von einem Sechsergespann gezogen fuhren Carl, Otto, unser kleiner Kronprinz, und ich (Kaiserin Zita) *in einem goldverzierten Glaswagen durch die jubelnde Menge, die aus allen Teilen des Landes herbeigekommen war, zur Krönungskirche. Der*

*) Als Kaiser Franz Joseph im November des Jahres 1916 starb, übernahm Erzherzog Carl sofort das Amt des Kaisers von Österreich. Diese Würde ging – ohne jedes Zeremoniell – nach dem letzten Atemzug des Herrschers automatisch auf dessen Thronfolger über. Nicht so die Krone von Ungarn, die in einem eigenen Krönungsakt an den neuen König weitergegeben wurde.

Cardinal-Fürstprimas empfing Carl am Portal und führte ihn in die Kirche. Das feierliche Zeremoniell vollzog sich während des Hochamtes und endete damit, daß der nunmehrige junge König, ausgestreckt auf den Stufen des Altares liegend, um Gottes Beistand in diesen schweren Tagen des Ersten Weltkrieges bat. Nach der Krönung geleiteten der Cardinal und die politischen Vertreter des ganzen Landes ihr neues Oberhaupt zum Kirchenportal zurück. Carl bestieg ein weißes Pferd, die Bischöfe, der Ministerpräsident, alle Minister, Magnaten und viele andere Würdenträger folgten ihm zu Pferde. Der Ritt ging zur Mariensäule. Dort, auf der Plattform der Säule, ging das Zeremoniell weiter. Carl mußte nun im vollen Ornat und mit dem Szepter in der Hand den Krönungseid schwören. Neben ihm: der Cardinal-Fürstprimas mit der Schwurformel in der Hand, der Ministerpräsident und eine Anzahl von Bischöfen. Ringsherum eine riesige Menschenmenge, die den Akt bezeugen soll. Carl erhob den Finger zum Schwur, der Fürstprimas hielt ein juwelenbesetztes Kreuz hoch, las die Formel vor, die Carl wiederholte. Nach der tiefen Stille, die während des Schwures geherrscht hatte, brandete tosender Applaus auf. Alle an der Zeremonie Beteiligten bestiegen daraufhin wieder ihre Pferde und ritten nun gegen die Burg.

Einige Photographen, die diese Szene aufgenommen hatten (in der Kirche war ihnen das Photographieren nicht erlaubt gewesen), eilten nun in ihre Ateliers, um die Bilder rasch zu entwickeln. Der umwölkte Dezembertag war grau und lichtlos gewesen, weshalb die fertig entwickelten Bilder keine Freude für ihre Urheber waren. Nur aus einem Atelier kam der Anruf, daß die Abzüge entwickelt und auch gut geworden waren. Sie müßten nur noch kurze Zeit trocknen. Außerdem fragte der Anrufer, wer hinter dem König gestanden hatte. Auf den Bildern konnte er den König, den Fürstprimas und den Ministerpräsi-

Der Schwur des neugekrönten Königs von Ungarn bei der Mariensäule. Weder ist darauf ein orientalischer Bischof mit einer tief in die Stirne gezogenen Mitra und überschatteten Augen zu erkennen, noch sind irgendwo Spuren einer Retouche abzulesen.

denten gut erkennen, aber es stand noch jemand dort, an den er sich nicht erinnerte.

Eine halbe Stunde später meldete sich der Photograph leichenblaß in der Pressestelle, wohin auch der Abgeordnete Huszar in aller Eile berufen worden war. Er zeigte ihnen ein Bild, auf das nun alle gebannt schauten: Hinter der rechten Schulter des Königs war ein Totenkopf zu erkennen, der mit seinen leeren Augenhöhlen weit hinaus in die Menge der Zuschauer blickte und ihnen mit seiner Knochenfaust drohte. Der erste Gedanke war, das Photo zu vernichten. Als aber der Photograph Einspruch dagegen erhob und sagte, daß dieses Bild das am besten gelungene sei und er außerdem die Existenz schon an seinen Auftraggeber weitergemeldet hatte, mußte man eine andere Lösung finden. Der Mann versprach, niemandem von dieser sonderbaren Feststellung zu erzählen und die Totengestalt zu retouchieren.

Am nächsten Tag erschien das Bild, das den Schwur des Königs bei der Mariensäule zeigte. Hinter ihm ein orientalischer Bischof mit einer tief in die Stirne gezogenen Krone/Mitra und überschatteten Augen. Ein Vollbart bedeckte den Rest des Gesichtes. In der erhobenen Hand hält er einen mächtigen Hirtenstab. Schon bald begannen die Menschen über diesen Kirchenfürsten zu rätseln, dessen Anwesenheit niemand bemerkt hatte. Trotz seiner auffallenden Aufmachung konnte sich niemand an ihn erinnern. Besonders verwundert reagierten die katholischen Bischöfe, die das, was sie sahen, gar nicht glauben konnten.

Es war der Tod, nicht zu leugnen, und ich kann mir bis heute nicht erklären, was seine zornig gegen das Volk gerichtete Faust bedeutete. Diese Geschichte hat mir der Abgeordnete Huszar selbst erzählt, jener Mann, der als erstes über das sonderbare Vorkommnis herbeigeholt worden war. Er hatte mich in Lequeitio besucht (in diesem spanischen Ort wohnte die österreichische Kaiserfamilie nach dem Tod Kaiser Karls im Exil auf Madeira) *und mir dort die mitgebrachten Photos zum Beweis gezeigt. Und zwar sowohl im Original als auch in der Retouche.«*

Der Haken an dieser Geschichte ist, daß die Photoserie der Krönung in Ungarn gut erhalten ist und man auf den Bildern weder einen *»orientalische Bischof mit einer tief in die Stirne gezogenen Krone/Mitra und überschatteten Augen«* noch besondere Merkmale einer Retouche erkennen kann. Also darf man vermuten, daß sich der Photograph einen üblen Scherz erlaubt hat und die Figur zunächst in die Szenerie »hineinzauberte«, um sie später wieder daraus zu entfernen. Solche Bearbeitungen gab es auch schon zu dieser Epoche, am häufigsten kam es vor, daß Personen aus dem Bild gelöscht oder nachträglich eingefügt wurden. Obwohl man das Retouchieren auch schon damals professionell betrieb, sind »Korrekturen« meist aber sofort zu erkennen. Oft wurden

Besonders geglückte Fotomontage aus der Frühzeit der Photokunst (1866): Ein Photograph, es ist der von Kaiserin Elisabeth bevorzugte Victor Angerer, dreimal auf derselben Aufnahme – mit sich selbst Karten spielend und als Zuschauer.

Konturen und kleine fehlende Teile händisch nachgezeichnet. Wenn durch das Herauslöschen einer Person aber eine zu große Lücke entstand, machte man sich oft nicht mehr die Mühe, sie durch etwas anderes Gezeichnetes zu ersetzen, sondern füllte sie durch einen großzügig verwischten Malhintergrund. Wäre die Figur des Todes, respektive des orientalischen Bischofs, nun also nachträglich aus den noch existierenden Bildern gelöscht worden, würde man die Fehlstelle auf dem berühmten Krönungsbild sofort erkennen. Genau das kann man aber eben nicht. So bleibt meine schlußendliche Meinung zu dieser Geschichte, daß der Photokünstler eine ganze Menge von Menschen hineingelegt hat. Das war für ihn sehr einfach, da die meisten seiner »Zeugen« tiefgläubige Katholiken waren, die weder an seiner Lauterkeit zweifelten, noch auf die Idee gekommen wären, daß sich jemand mit der Gestalt des Todes einen Scherz erlaubte.

15.
Schwester Theresa

Die folgende Geschichte entstammt den Erinnerungen einer Erzherzogin, die wie die meisten Mitglieder der kaiserlichen Familie strenggläubig ist. Sie hat zwei Studien abgeschlossen, spricht mehrere Sprachen fließend und war seit ihrer Kindheit mehrfach Zeugin von paranormalen Erscheinungen. Wie einige andere Nachkommen der kaiserlichen Familie möchte auch sie nicht namentlich genannt werden. Um ihr Inkognito zu wahren, war es nötig, in der von ihr überlieferten Geschichte einige unbedeutende Einzelheiten, wie Namen oder Ortsbezeichnungen, zu ändern. Das wiedergegebene Ereignis ist während des Zweiten Weltkrieges innerhalb Europas vorgefallen. Viele Mitglieder der früher regierenden Herrscherdynastien befanden sich damals, wie auch die Familie der Erzählerin, auf der Flucht vor Hitler. Unter ihnen vor allem die Habsburger, die er verfolgte und in Konzentrationslager steckte, weil er Angst hatte, daß sie – die nicht wie die Mitglieder der preußischen Königsfamilie abgedankt hatten – eines Tages wieder die Macht ergreifen könnten. Diese Furcht war nicht ganz unbegründet, da es in der Bevölkerung noch immer eine Menge Sympathisanten und Unterstützer gab.

Um den Nachstellungen durch die Nazis zu entgehen, lebte die Familie der damals etwa 16-jährigen Ich-Erzählerin in einem westeuropäischen Land. Das Mädchen besuchte ein Internat, das nahe des Wohnortes ihrer Eltern lag.

»In meiner ehemaligen Schule gab es eine sehr nette alte Laienschwester. Sie war Engländerin, eine Konvertitin, die die hiesige Landessprache nie recht hatte erlernen können. Sie räumte die Schlafsäle der Schülerinnen auf, servierte in der Früh den Mädchen den Kaffee und verrichtete allgemein sehr harte körperliche Arbeit. Ich sprach mit ihr meist englisch und half ihr manchmal auch bei der Arbeit, wenn es eben einmal ging und ich keine Angst haben mußte, dabei ertappt zu werden. Mit einem Wort, wir mochten uns sehr gerne. Die gute Schwester Theresa schob mir zum Dank dafür, wenn ich krank war, bessere Speisen zu und bemutterte mich herzlich. Eines Tages wurde Schwester Theresa sehr krank und konnte schließlich – während der letzten Wochen ihres Lebens – nicht mehr arbeiten. Müde und abgeschlagen sah ich sie oft im Schulhof auf einer Bank sitzen, bis sie eines Tages, es war Mitte April, starb.

Ein paar Wochen später, der Nachmittagsunterricht war eben vorbei, gingen wir, die Mädchen aus meiner Klasse und ich, hinunter in den Studiensaal. Dort entdeckte ich, daß ich meine Latein-Grammatik im Klassenzimmer vergessen hatte und bat um die Erlaubnis, das Buch holen zu dürfen. Das war eigentlich streng verboten, ich hatte aber das Glück, daß es mir die Klosterfrau, die eben Aufsicht hatte, ausnahmsweise erlaubte. Beim Zurücklaufen kam ich an der Kapelle vorbei, als ich vor dem Eingang zwei Schwestern die Stiegen heraufkommen sah. Die Treppe, die die beiden hochstiegen, und der Gang, auf dem ich mich befand, waren sehr schmal, weshalb ich mich an die Wand drückte, weil ich dachte, daß die zwei Klosterfrauen an mir vorbei in die Kapelle wollten. Die erste der beiden, sie waren Laienschwestern, war Schwester Theresa, und ich freute mich sehr, sie wieder einmal zu treffen. Die zweite war ganz in Gedanken versunken, und ich dachte plötzlich: ›Komisch, sie geht so, als ob niemand vor ihr ginge‹. Schwester Theresa war oben an der Kapellentür angekommen und kam mir ein Stück entgegen. Ich sah in ihr liebes, altes Gesicht. Sie blieb vor mir stehen, schaute mich freundlich an, alles ohne ein Wort zu sagen. Als ich sie eben freudig begrüßen wollte, fuhr es mir plötzlich eiskalt über den Rücken, und ich fühlte, daß ich ganz kalt und ganz steif wurde. Schwester Theresa war doch ein paar Wochen zuvor gestorben! – Sie blieb noch einen Moment stehen, dann drehte sie sich langsam um. Die andere Schwester war inzwischen in die Kapelle gegangen und hatte mich gar nicht beachtet. Die mittlerweile wieder verschlossene Kapellentüre ging leise von selber auf. Schwester Theresa trat in die Kapelle und verschwand in der Türe, noch bevor sich diese wieder geschlossen hatte.

Wieder im Studiensaal angelangt, dachte ich über das eben Erlebte nach. Das konnte doch nicht geschehen sein, ich habe mir das sicherlich nur eingebildet. Dann fiel mir ein, daß es eine Schwester gab, die Schwester Theresa sehr ähnlich sah. Wahrscheinlich war ich ihr begegnet. Zuletzt beschloß ich, das ganze auf meine rege Phantasie zurückzuführen. Wirklich abgeschlossen hatte ich damit aber noch nicht, denn in meinem Inneren bat ich Schwester Theresa, sich noch einmal zu zeigen.

Es war ³/4 7, der Abend desselben Tages. Die Glocke hatte eben für den Abendsegen geläutet. Alle Mädchen versammelten sich im Turnsaal und stellten sich auf, um gemeinsam in die Kapelle zu gehen. Wir mußten uns nach der Größe einordnen, mein Platz war nahe einer Glastüre, die in den Hof führte. Keine 6 Meter von dieser Türe entfernt saß … Schwester Theresa! Auf derselben Bank, auf der sie in den letzten Wochen vor ihrem Tod so oft gesessen hatte. Um mir meiner Sache ganz sicher zu sein, wandte ich mich an das Mädchen, das hinter mir stand und fragte sie: ›Kannst du mir sagen, welche Schwester dort auf der Bank sitzt? Ich kann sie nicht erkennen‹. Das Mädchen schaute ziemlich überrascht, dann lachte sie und sagte: ›Aber es sitzt doch niemand auf der Bank‹. Ich aber konnte ganz genau jemanden dort sitzen sehen und auch ganz deutlich das Gesicht von Schwester Theresa ausnehmen. Es war ja Mai, und im Mai ist es um 3/4 7 noch sehr hell.

Ich dachte lange über das Erlebte nach und konnte mir nicht vorstellen, was es bedeuten sollte. Dann hatte ich eine Idee. Ich wollte so schnell wie möglich zu meiner Familie fahren und meine Mutter zu dem Vorgefallenen befragen. Sie hatte mir oft über solche Erscheinungen erzählt und daher viel Erfahrung damit. Es war Dienstag, und ich mußte irgendwie die Erlaubnis erbitten, das Pensionat verlassen zu dürfen. Das war nicht sehr einfach und wurde, wenn überhaupt, nur für Donnerstage erlaubt. Ich war schon etliche Jahre an dieser Schule und hatte von diesem Recht noch nie Gebrauch gemacht. Da der Donnerstag zufällig der Geburtstag meiner Großmutter war, standen meine Chancen für die Bewilligung zuletzt doch ganz gut. Ich ging zur Oberschwester und erhielt die Erlaubnis. Ich verließ das Pensionat am Donnerstag Nachmittag, mußte aber versprechen, am Freitag in der Früh wieder ›einzurücken‹.«

Während der Nacht, die die junge Erzherzogin bei ihren Eltern und ihren Geschwistern verbrachte, fiel etwas vor, was die sofortige Flucht der Familie bedingte. In aller Eile und nur mit dem Lebensnotwendigsten bepackt, verließen alle das Heim und entgingen ganz knapp einem grausamen Inferno. *›Jetzt konnte ich mir denken, warum mir Schwester Theresa noch einmal erschienen war. Wir ließen später viele Messen für sie lesen. Denn ich bin mir ziemlich sicher, daß sie mich warnen und mir die Chance geben wollte, gemeinsam mit meiner Familie zu fliehen. Den genauen Hintergrund ihrer Botschaft werde ich aber wohl nie erfahren.«* (Niederschrift vermutlich aus den 60er-Jahren)

16.
Ankündigung von Todesfällen

Warnungen oder Ankündigungen, die durch nahestehende, verstorbene Personen überbracht werden, zählen zu den häufigsten außersinnlichen Wahrnehmungen. Beinahe noch öfter scheint es zu Vorankündigungen von Todesfällen zu kommen, die die verschiedenartigsten Wesen auf unterschiedlichste Weise weitergeben. So wurde die bayerische Königsfamilie über Generationen regelmäßig von einer außerordentlich »treuen Seele« heimgesucht, die jeweils nur einem bestimmten Mitglied erschien, um ihm den bevorstehenden Tod eines anderes Mitglieds anzudeuten.

Eine dieser »Erwählten« war Prinzessin Marie José von Braganza, die den Lieblingsbruder Kaiserin Elisabeths, Herzog Carl Theodor in Bayern, geheiratet hatte. Während einer Messe in einer Münchner Kirche fiel ihr eine in Schwarz gehüllte, totenähnliche Gestalt auf. Diese Figur stellte sich hinter einen der neuen bayerischen Verwandten, der betend in einer Kirchenbank saß. Bald danach verschwand das dunkel gekleidete Wesen so lautlos, wie es erschienen war. Marie José beunruhigte, was sie gesehen hatte und sie überlegte lange Zeit, ob sie jemandem von ihrer Wahrnehmung erzählen sollte. Schließlich faßte sie sich ein Herz und sprach mit einer Vertrauensperson darüber. Der- oder diejenige (der Name des Ansprechpartners ist nicht überliefert) reagierte auf die Mitteilung zwar erschrocken, konnte ihr aber den Sinn der Botschaft deuten: Die Erscheinung stellte sich immer hinter jene Person, die als nächste sterben würde. – Marie José wurde gebeten, nieman-

Prinzessin Marie José von Braganza, die zweite Ehefrau Herzog Carl Theodors in Bayern. Kurz nach ihrer Hochzeit bemerkte sie während einer Messe eine in Schwarz gehüllte, totenähnliche Gestalt, die sich hinter einen der neuen bayerischen Verwandten stellte.

dem von ihrem Erlebnis zu erzählen und vor allem, den »bezeichneten« Verwandten*) mit der Nachricht zu verschonen. Schließlich sagte man ihr, daß dieses Phänomen schon seit Generationen existierte und immer nur einer in die Wittelsbacher Familie einheiratenden Frau erscheine: und das auch nur ein einziges Mal in ihrem Leben, knapp nach ihrer Hochzeit.

Ein etwas anders gelagerter Fall mit einer weniger konkreten Vorankündigung stammt aus Niederösterreich. Betroffen waren (und sind vielleicht noch immer) die Mitglieder einer alten Familie, in deren Schloß wiederholt eine bestimmte Wahrnehmung gemacht wurde. Ein Freund hat mir davon

*) Der betroffene Wittelsbacher ist laut mündlicher Überlieferung bald »ordnungsgemäß« von dieser Welt gegangen.

erzählt, dessen Vater dort zwischen den beiden Weltkriegen als Verwalter gearbeitet hatte. Während seiner Dienstzeit war er eines Nachmittags völlig alleine im Schloß, als er auf dem Gang vor der Kanzlei plötzlich laute Schritte, heftiges Türen-Öffnen und Wieder-Schließen hörte. Da er wußte, daß niemand außer ihm den unerwarteten Gast empfangen konnte, ging er aus dem Büro, um dem Suchenden behilflich zu sein. Da er ihn auf dem Gang nicht antraf, lief er durch alle von dort aus zugänglichen Räume, deren Türen geöffnet waren. Er konnte aber nirgendwo jemanden finden. Da ihm das äußerst sonderbar erschien und er vor allem fürchtete, einen Einbrecher ins Schloß gelassen zu haben, erzählte er einem älteren im Schloß beschäftigten Mann davon. Der Angesprochene zuckte heftig zusammen. Denn der Beschreibung nach war kein Dieb an dem Gepolter schuld, sondern es handelte sich um ein altbekanntes Phänomen. Wie die immer wiederkehrende schwarze Gestalt bei den Wittelsbachern zeigte es einen bevorstehenden Todesfall an. Und zwar ganz konkret den Tod eines Mitglieds der Schloßbesitzerfamilie. Die Vermutung war richtig, innerhalb weniger Tage starb einer der im Haus wohnenden Angehörigen.

Aus derselben Epoche, also aus der Zeit zwischen den beiden Weltkriegen, stammen die beiden folgenden Prophezeiungen. Ein aus den Niederlanden stammender Mann und eine ihm nicht bekannte Landsmännin, die beide für ihre außersinnlichen Fähigkeiten bekannt waren, hatten etwa zur selben Zeit eine vorausschauende Wahrnehmung, die zufälligerweise dasselbe Ereignis betraf. »Im Oktober 1937 unterzog ich (ein Parapsychologe) … einen Paragnosten*) einer

*) Ein Paragnost ist ein Mensch, der über außersinnliche Wahrnehmungen verfügt.

Reihe von Tests. Gewöhnlich blieben wir nach der Zusammenkunft noch eine Zeitlang in den Zimmern ... und unterhielten uns zwanglos. So war es auch an jenem Nachmittag. Wir sprachen über Verschiedenes, plötzlich sagte Herr Benedict (der Paragnost) ... binnen kurzem sei eine Gesellschaft hochstehender Persönlichkeiten im Krankenhaus zu erwarten ... in wenigen Wochen würden sich Königin Wilhelmina*), Prinzessin Juliana und Prinz Bernhard im Krankenhaus aufhalten. Keiner von uns nahm diese merkwürdige Enthüllung ernst, aber ich machte mir trotzdem eine Notiz. Etwa zur gleichen Zeit teilte mir ein Amsterdamer Arzt mit, eine seiner Patientinnen, Frau O., eine verheiratete einfache Frau, erzähle ihm wiederholt Träume, die er für psychoanalytisch bedeutsam halte, und bat mich, mit ihr in Verbindung zu treten. Meine Untersuchung ergab, daß sie eine starke Vaterbindung hatte. Ein Amsterdamer Psychiater (der sie hypnotisiert hatte) und auch Prinz Bernhard tauchten in ihren Träumen regelmäßig als Vaterbilder**) auf. Am Morgen des 27. November 1937 schrieb mir Frau O. einen Brief, den ich abends in meinem Briefkasten vorfand ... ›Letzte Nacht träumte ich wieder und sah alles kristallklar ... Ich sah einen Bahnübergang und eine lange Straße und Weideland. Hinter der Schranke stand ein Lastwagen (zur Reparatur). Ein Personenwagen kommt in rasendem Tempo daher und will im letzten Augenblick überqueren, aber gera-

*) Königin Wilhelmina, die Großmutter von Königin Beatrix, hatte als einziges überlebendes Kind ihres Vaters, König Wilhelm III., ab 1890 die Niederlande regiert. Ihr folgte ihre Tochter, die in die Prophezeiung miteingeschlossene Prinzessin Juliana, Ehefrau von Prinz Bernhard.

**) Laut Psychoanalyse erscheinen Herrscher, leitende und hochgestellte Persönlichkeiten in den Träumen und Vorstellungen ihrer Patienten oft als Vaterfiguren oder nehmen deren Platz ein.

de, als er überquert, platzt ein Reifen, und der Wagen kracht mit voller Geschwindigkeit auf die Schranke und den Laster dahinter. Der Fahrer des Personenwagens war sofort tot. Ich sah sein Gesicht, als er dort lag, es war Prinz Bernhard.« (Tenhaeff in: Bauer, S. 207) Abgesehen von diesem einem einzigen Detail, daß Prinz Bernhard diesen Unfall überlebte, hatte die Frau einen Unfall beschrieben, der in jeder Einzelheit genau so eintraf, wie sie es vorher im Traum gesehen hat. Daß sie sich beim Tod des Prinzen geirrt hatte, hatte einen bestimmten, für den Wissenschaftler leicht erklärlichen Grund: Die Frau war psychisch krank, befand sich seit längerer Zeit in psychiatrischer Behandlung und hatte in die Prophezeiung einen – für ihre Krankheit typischen – Wunsch »untergemischt«. Der galt eigentlich ihrem Vater, den sie haßte und den sie sich am liebsten tot vorstellte. Den Wunsch, ihn sterben zu sehen, übertrug sie dabei auf die Person Prinz Bernhards.

Von der Richtigkeit der meisten vorausgesagten Einzelheiten beider Prophezeiungen, die sich nicht nur auf dasselbe Ereignis bezogen, sondern zufällig auch demselben Parapsychologen mitgeteilt wurden, konnte sich der Wissenschaftler in den nachträglich erschienenen Presseberichten selbst überzeugen. »Am 29. November, einem Montag, meldete der Rundfunk, Prinz Bernhard habe einen Autounfall gehabt und sei in das Burgerziekenhaus (das oben erwähnte Krankenhaus) gebracht worden ... Als die Nachmittagszeitungen heraus waren, verglich ich die darin enthaltenen Angaben mit dem Brief, den ich von Frau O. bekommen hatte ... 1. Der Unfall ereignete sich in unmittelbarer Nähe des Viadukts über die Eisenbahnlinie Amsterdam-Hilversum. 2. Die Bilder (in den Zeitschriften) ... zeigten eine lange Straße, die 3. durch Weideland verlief ... 4. Auf den Bildern sieht man eine Schranke. 5. ›An der Seite des Viaduktes, von der der Personenwagen kam, werden zur Zeit Reparaturarbeiten am Bahndamm ausgeführt; Sand wird dort gegraben und von Lastwagen befördert. Wenige Augenblicke, ehe der Prinz vorbeikam, war ein Lastwagen ... den aufgeschütteten Hang heruntergefahren. Der Aufseher ... gebot dem Lastwagen Halt, weil ein Personenwagen aus Richtung Amsterdam vorbeigefahren war, er überquerte den Damm, schwenkte links auf die Straße und stand mit dem Führerhaus in Richtung Amsterdam, als der Wagen des Prinzen mit der rechten Vorderseite auf die linke Rückseite des Lastwagens auffuhr. 6. Der Wagen des Prinzen wurde ziemlich schnell gefahren ... (aus einem der damals erschienenen Zeitungsartikel) 7. Nicht der Wagen des Prinzen, sondern der Lastwagen überquerte die Straße ...‹ Obgleich der Traum ... die zukünftige Realität nicht alle Einzelheiten richtig zeigte, bin ich doch der Ansicht, daß wir ihn einen wohlbegründeten Fall von Präkognition*) nennen dürfen. Außerdem erfüllte sich auch die Vorhersage von Herrn E. Benedict, die ich Oktober 1937 ... notiert hatte. Nicht nur wurde der Prinz in dieses Krankenhaus gebracht ... sondern die Ärzte hielten seinen Zustand für so ernst, daß sie Königin Wilhelmina und Prinzessin Juliana empfahlen, sich einige Tage im Krankenhaus aufzuhalten. Sie befolgten diesen Rat.« (Tenhaeff in: Bauer, S. 207f.)

Falls sich jemand wundern sollte, warum das Schicksal der niederländischen Königsfamilie Inhalt zweier, so knapp hintereinander ausgesprochener Prophezeiungen wurde, dann läßt sich der vermeintliche Zufall leicht klären. Die meisten Voraussagungen – vor allem die, die an die Öffent-

*) Voraussage.

König Ludwig II. von Bayern: Er zählt wie Kaiser Napoleon I. zu den am häufigsten »wieder Fleisch gewordenen Monarchen«. In Nervenheilanstalten wimmelt es geradezu von wiedererstandenen Herrschern.

lichkeit gelangen – betreffen hochstehende Persönlichkeiten, unter denen sich wiederum die Mitglieder der alten europäischen Dynastien größter Beliebtheit erfreuen. Das hängt vor allem mit der früher erwähnten Bedeutung von Herrschern als Vater- oder Identifikationsfiguren zusammen. Ganz besonders stark läßt sich diese geistige Übertragung oder das Wiedererkennen in anderen Personen bei labilen oder psychisch kranken Menschen feststellen. Wer hätte noch nie von einem wieder Fleisch gewordenen Kaiser Napoleon I. gehört? Oder von einem in einem fremden Körper wieder auferstandenen König Ludwig II. von Bayern? In Nervenheilanstalten wimmelt es geradezu von wiedergeborenen Herrschern. Allerdings auch von prophetisch veranlagten Patienten. Und auch ihre Gedanken scheinen sich hauptsächlich mit den Geschicken der – diesmal lebenden – Mitglieder europäischer Fürstengeschlechter zu kreisen.

So ereignete sich auch die folgende Geschichte in der psychiatrischen Abteilung eines Krankenhauses*). Eine 82-jährige Frau, die dort in stationärer Behandlung war, hatte im Jahr 1934, »während der Besuchszeit ... mit lauter, eindrucksvoller Stimme gerufen, wir gingen durch schreckliche Zeiten, Zeiten, in denen Könige von Felsen herabstürzten. Begreiflicherweise wurde dieser Ausruf der Frau als Äußerung für ihre Krankheit charakteristischen Verwirrung aufgefaßt.« (ders., S. 208) Einen Tag später staunten die Personen, die diese Ankündigung miterlebt hatten, nicht schlecht, als ihr der tatsächliche Unfall folgte. In den Rundfunkmeldungen wurde berichtet, daß König Albert I. von Belgien beim Bergsteigen abgestürzt und an den Folgen seiner Verletzungen gestorben war. Um die Geschichte abzurunden, gab es noch eine zweite Prophezeiung, die sich – zufällig oder auch nicht – auf dasselbe Königsdrama bezog. Denn auch Madame de Thèbes, die berühmte, in Paris lebende Seherin, hat den Unfall vorausgesehen und die Voraussagung in ihren jährlich erscheinenden Almanach aufgenommen. Kaiserin Zita, die diese Jahrbücher gerne las, konnte sich mehrfach vom tatsächlichen Eintreffen der Prophezeiungen überzeugen. In ihren Unterlagen findet sich dazu folgende nachgetragene Notiz: »*Die tödliche Verunglückung von König Albert der Belgier habe ich ebenfalls in einer französischen Voraussage*

*) Das Krankenhaus befand sich in Belgien. Selbstverständlich ist es auch kein Zufall, daß die Konzentration auf die Mitglieder von Königsfamilien in jenen Ländern am stärksten ist, in denen noch immer Monarchien bestehen (alle in diesem Kapitel wiedergegebenen Prophezeiungen wurden in den Niederlanden und in Belgien ausgesprochen).

von Madame de Thébes für das kommende Jahr gelesen«. (dies., undatierte Niederschrift).

Hier schließt sich also der Kreis der Geschichte und führt zurück zum Hauptthema dieses Buches: zu Habsburgern und übersinnlichen Erscheinungen, wenn auch noch lange nicht alles erzählt und erforscht werden konnte, was von ihnen oder über sie wahrgenommen wurde. Dennoch bietet das hierin Wiedergegebene einen bedeutenden Einblick in eine Welt, die in unseren Tagen gerne totgeschwiegen wird. Wer würde nicht um seinen Ruf fürchten, wenn er seinen Freunden von selbst erlebten paranormalen Erscheinungen erzählte? So ist es also umso erstaunlicher (und vor allem sehr dankenswert), daß die Nachkommen der ehemaligen österreichischen Kaiserfamilie dermaßen ungewöhnliche Geschichten zur Veröffentlichung freigaben. Besonders erfreulich ist in diesem Zusammenhang die erstmalige Veröffentlichung der diesbezüglichen Erlebnisse Kaiserin Zitas, die alle unverändert und in vollem Wortlaut wiedergegeben werden durften. Herzlichen

Dank

allen Mitgliedern der österreichischen Kaiserfamilie, die mich so großzügig mit schriftlichem und mündlich überliefertem Material versorgten, und all jenen, die mir während der Arbeit mit zahlreichen Hinweisen zur Seite standen. Ganz besonderen Dank möchte ich Herrn Christian Patry von der Wiener Nationalbibliothek für einen wertvollen Literaturhinweis aussprechen.

Ein Habsburger Geist im Kampf gegen den Kommunismus?

Wegen des knappen Zeitraums, während dem dieses Buch entstand, war es natürlich nicht möglich, alle Besitzungen der ehemaligen österreichischen Kaiserfamilie auf paranormale Erscheinungen zu untersuchen: unter ihnen vor allem die zahlreichen Schlösser, Villen und Jagdhäuser, die sich heute in anderssprachigen Ländern der früheren Donaumonarchie befinden. Zu den wenigen Dingen, die ich dennoch von einer heute im Ausland liegenden, ehemaligen

Salon im Hradschin aus der Zeit, als die Habsburger regierten (1906). In der alten Burg hat es während der kommunistischen Ära heftig gespukt. Dort soll es – zur geringen Freude der Beamten – zu allen Tageszeiten geklopft, gehämmert und geschlagen haben.

Habsburger Burg hörte, gehört die Geschichte der akustischen Phänomene auf dem Prager Hradschin. Dort soll es während der kommunistischen Ära heftig gespukt haben. In den Büros der früheren böhmischen Königsburg haben unsichtbare Kräfte – zur geringen Freude der dort diensttuenden Beamten – zu allen Tageszeiten geklopft, gehämmert und geschlagen. Woraus man vielleicht schließen darf, daß dort ein verstorbener Habsburger spukte, der seine Unzufriedenheit am politischen System zum Ausdruck bringen wollte. Ob seit den Tagen der politischen Wende im Hradschin Frieden herrscht, ist mir leider nicht bekannt.

Einführung in die Parapsychologie
Wie alles begonnen hat …
oder »Was ist eigentlich Parapsychologie?«

»Wissen Sie, ob Kaiserin Elisabeth an eine Kontaktaufnahme mit Verstorbenen glaubte?« Mit dieser Frage, die ich ihr anläßlich eines Vortrags über Kaiserin Elisabeth stellte, begann meine Bekanntschaft mit Gabriele Praschl-Bichler. Bald nach diesem ersten Zusammentreffen begannen wir einen Schriftverkehr zu diesem Thema, in dessen mehrwöchigem Verlauf wir die Idee hatten, gemeinsam ein Buch über die Habsburger und das Paranormale (das »Übersinnliche«, wie die Leute so gerne und so falsch dazu sagen) zu schreiben. Und nun sitze ich hier und schreibe das Kapitel »Was ist Parapsychologie?«.

Was ist Parapsychologie?

Anläßlich der vielen Mißverständnisse rund um die Parapsychologie scheint es mir wichtiger, zunächst festzustellen, was Parapsychologie *nicht* ist, also sozusagen mit negativen Definitionen anzufangen:

- Parapsychologie ist nicht Esoterik
- Parapsychologie ist nicht Spiritismus

Die Parapsychologie ist weder eine Geheimlehre noch eine spirituelle Disziplin: kein Weg zu intuitiver, subjektiver Erkenntnis und auch kein Heilsweg und schon gar keine Ersatzreligion, sie hat auch nichts mit Mystik zu tun; Begriffe wie »Meister«, »Gurus« oder »Einweihung« kommen in der Parapsychologie nicht vor.

Spiritismus ist ein Glaubenssystem, in manchen Ländern sogar als Religion anerkannt, nämlich der Glaube daran, daß die Seelen der Verstorbenen in unsere Welt, die der Lebenden, hereinwirken können, bzw. auch, daß wir Lebenden mit den Verstorbenen auf verschiedenen Wegen Kontakt aufnehmen könnten. Die Rolle der Parapsychologie ist es nun, sich kritisch mit diesen Behauptungen und Ansprüchen des Spiritismus auseinanderzusetzen – was ist davon haltbar, was nicht? …

Die Parapsychologie setzt sich zwar kritisch mit dem Spiritismus (dem Glauben an eine Verbindung mit den Verstorbenen) auseinander, insofern ist also im Gegenstandsbereich eine Beziehung gegeben, aber die Parapsychologie darf natürlich nicht mit dem spiritistischen Glaubenssystem als solchem verwechselt werden.

Genau genommen muß man noch eine dritte Abgrenzung vornehmen, die man dann plakativ »Parapsychologie ist nicht Parapsychologie« formulieren könnte – ich meine damit, daß das Wort bzw. der Begriff »Parapsychologie«, 1889 von dem deutschen Philosophen und Psychologen Max Dessoir zur Kennzeichnung einer wissenschaftlichen Disziplin eingeführt, mittlerweile von allen möglichen Personengruppen, mit denen wir eigentlich nichts zu tun haben wollen, usurpiert und damit auch korrumpiert worden ist – nicht nur von den Spiritisten und den Medien, sondern auch von drittklassigen Hellsehern, medialen Lebensberatern, Astrologen, Handliniendeutern, Tarotkartenaufschlägern und was es sonst noch in diesem Bereich gibt.

Nicht zuletzt dadurch ist die Parapsychologie unverdientermaßen zu einer schlechten Reputation gelangt. Hans Bender (1907–1991), der »Altmeister« der Parapsychologie im deutschen Sprachraum, hat es stets beklagt, daß das Wort

»Parapsychologie« nicht geschützt ist, jedermann steht es frei, sich »Parapsychologe« bzw. »Parapsychologin« zu nennen; es gibt zwar ein Psychologengesetz, aber kein Parapsychologengesetz. Das heißt, daß der allerüberwiegendste Anteil dessen, was unter »Parapsychologie« läuft, mehr als problematisch ist, sämtliche unter diesem Titel angebotenen Dienstleistungen, vor denen man nur warnen kann, und auch ein großer Teil der populären Bücher und Zeitschriften auf diesem Gebiet.

Man kann zusammenfassend also sagen, es gibt gleichsam »zwei Parapsychologien«, die eine, minderwertige, welche aufgrund ihres lautstarken Auftretens in der öffentlichen Meinung im Vordergrund steht, und die andere, seriöse, die an ein paar Universitäten und wissenschaftlichen Instituten betrieben wird und deren leisere Stimme vielfach ungehört verhallt. Von *dieser* Parapsychologie – der seriösen und »eigentlichen« Parapsychologie – möchte ich jetzt schreiben, und von der anderen – der »Pseudoparapsychologie« – distanziere ich mich auf das schärfste.

Seit 1948 hat man gerne einen Buchstaben des griechischen Alphabets, ψ = psi, den Anfangsbuchstaben des Wortes Psyche = Seele, als Abkürzung verwendet, man kann also statt parapsychologischer Forschung auch psi-Forschung sagen, statt paranormaler Phänomene auch psi-Phänomene etc., wobei es auch hier wieder eine seriöse und eine marktschreierische, unseriöse Spielart gibt.

Also, was ist denn jetzt Parapsychologie wirklich?

»Parapsychologie ist die Wissenschaft von den okkulten Erscheinungen«, so hat in den Dreißigerjahren der deutsche Biologe und Philosoph Hans Driesch die Parapsychologie definiert. Obwohl diese Definition zunächst banal klingen mag, so sagt sie doch zwei Dinge sehr deutlich aus: daß die Parapsychologie der Wissenschaftlichkeit – also einem methodischen Prinzipien folgenden Erkenntnisweg – verpflichtet ist, und daß sie es primär mit Phänomenen – also mit beobachtbaren Erscheinungen und nicht mit Interpretationsfragen – zu tun hat. Das heute etwas antiquiert anmutende Wort »okkult« bedeutet »verborgen« und weist auf die relative *Seltenheit* der Phänomene hin, welche Dessoir als »die aus dem normalen Verlauf des Seelenlebens hervortretenden Erscheinungen«, ein »Grenzgebiet zwischen dem Durchschnitt und den pathologischen Zuständen« genannt hat, also jene außergewöhnlichen Erfahrungen, von denen seit jeher Menschen berichtet haben und die nur schwer in den Alltagshorizont ihres Erlebens einzuordnen waren.

Das klingt soweit recht abstrakt; daher seien hier ein paar Beispiele solcher Phänomene in bunter Folge, gleichsam schlagwortartig als ungeordnetes Rohmaterial, zur Verdeutlichung genannt:

Gedankenübertragung – Spukhäuser – Astral- oder Seelenreisen – Poltergeister – Todesnähe-Erfahrungen – Visionen und Erscheinungen – Erinnerungen an frühere Leben – Telepathie – Geister – Fernwahrnehmung – Trance und andere veränderte Bewußtseinszustände – Wunder und wunderbare Heilungen, Geistheilung – Vorausahnungen – Hellsehen – Fernbewegung – Aura – Medialität – Tisch- und Glasrücken – bedeutsame Träume.

Paranormale Phänomene

Bei systematischer Betrachtung lassen sich zwei Hauptgruppen von Phänomenen unterscheiden, erstens solche, die sich rein mental abspielen und mit Informationsgewinn abseits des Normalen, d.h., außerhalb der Sinneskanäle zu tun haben, und zweitens solche, wo eine Aktion, eine Wirkung, – ebenfalls abseits des Normalen, d.h., unter Umgehung der Motorik – in die Außenwelt gesetzt wird:

- Außersinnliche Erfahrung bzw. Außersinnliche Wahrnehmung
- Psychokinese (= wörtlich »Bewegung durch die Seele«)

AUSSERSINNLICHE ERFAHRUNG
(AUSSERSINNLICHE WAHRNEHMUNG)

Innerhalb der Außersinnlichen Erfahrung unterscheiden wir drei verschiedene Modalitäten:

- Telepathie (in schlechter Verdeutschung: »Gedankenübertragung«)
- Hellsehen (genauer: räumliches Hellsehen)
- Präkognition (Vorauswissen, Vorausahnen zukünftiger Ereignisse)

1. Telepathie

In der Telepathiesituation sind zwei Menschen beteiligt, die man als »Agent« und »Perzipient« bzw. in einer unzutreffenden Analogie mit technischen Übertragungen als »Sender« und »Empfänger« bezeichnet. Ein mentaler Inhalt (nicht notwendigerweise ein abstrakter »Gedanke«, es mag sich auch um Gefühle, Empfindungen etc. handeln), der zuerst beim Agent vorhanden ist, tritt dann auch beim Perzipienten auf. Ein Beispiel:

> Ein Ehepaar hat ein Haus an einem See; der Mann hat die Gewohnheit, morgens, noch bevor seine Frau aufgestanden ist, auf eine Stunde mit dem Segelboot hinauszufahren. Eines Morgens wacht die Frau auf, findet das Bett neben ihr leer (was ja nicht unerwartet ist) und stellt fest, daß sie einen intensiven Blutgeschmack im Mund ver-

> spürt. Gleichzeitig hat sie das Gefühl, ihre Unterlippe sei stark angeschwollen; sie führt, noch schlaftrunken, ein Taschentuch zum Mund, sieht darauf aber keinerlei Blutspuren. Wie sie allmählich völlig wach wird, verliert sich jedoch dieses Gefühl. Beim gemeinsamen Frühstück nach der Rückkehr des Mannes vom Segeln beobachtet sie jedoch, wie er verstohlen sein Taschentuch zum Mund führt. Auf ihr Befragen erzählt er, daß der Baum des Segelboots von einem plötzlichen Windstoß erfaßt worden sei und ihn genau auf den Mund geschlagen habe, was eine kleine Platzwunde an seiner Unterlippe zur Folge hatte. Die Frau hat also in dem Zustand zwischen Schlafen und Wachen genau das »mitgefühlt«, was ihrem Mann draußen am See widerfahren ist, ohne daß ihr jedoch dieser Zusammenhang dabei bewußt geworden ist. Für ein paar Momente haben die beiden trotz der räumlichen Trennung die gleichen Empfindungen gehabt.

Der niederländische Parapsychologe W. H. C. Tenhaeff definiert daher die Telepathie als »die Persönlichkeitserweiterung um das ›Du‹«, also die (kurzzeitige und natürlich bloß fragmentarische) Einswerdung oder Verschmelzung zweier Menschen. Das ist eine viel umfassendere Sichtweise als jene, die dem eigentlich unbrauchbaren Wort »Gedankenübertragung« entspricht.

Das Fallbeispiel ist insofern exemplarisch, als derartige Phänomene nicht beliebig, bei gleichgültigen Ereignissen, zustandekommen, sondern fast nur in Ausnahmesituationen. Die Ergebnisse internationaler Umfragen haben gezeigt, daß sich fast die Hälfte solcher Spontanerlebnisse um den Tod konstelliert, weiters ein größerer Teil um Todesgefahr bzw. gefährliche Unfälle (auch wenn es schlußendlich glimpflich ausgeht). Rund 80% der Spontanfälle betreffen Negatives im weitesten Sinne! In unserem konkreten Fall ist dieser kleine Sportunfall recht harmlos abgelaufen, aber man kann sich vorstellen, daß die Sache mit Leichtigkeit tragisch ausgehen hätte können: wenn der Baum, der sich losgerissen hat, den Segler über Bord geworfen hätte, ihn allenfalls bewußtlos geschlagen hätte ... man kann die Situation also durchaus als potentiell lebensbedrohlich einschätzen, und das ist offenbar auch die Ursache, weshalb das Erleben des Seglers von seiner schlafenden bzw. gerade aufwachenden Frau mit-erlebt worden ist.

Dieses Fallbeispiel zeigt ferner auch mit großer Deutlichkeit, daß die Perzipientin diese Eindrücke von Blutgeschmack und schmerzender, geschwollener Lippe zu einem Zeitpunkt erlebt hat, als sie noch schlaftrunken war, während diese Gefühle mit zunehmendem vollem Wachwerden verschwanden. Das wache Bewußtsein hemmt vielfach das Auftreten paranormaler Phänomene; sie treten während des Traumes oder während sogenannter veränderter Bewußtseinszustände auf.

Kleiner Exkurs zu Veränderten Bewußtseinszuständen (auch »Veränderte Wachbewußtseinszustände« genannt):

diese sind kein Gegenstand der Parapsychologie als solche, aber für das Verständnis des Auftretens paranormaler Phänomene wichtig:

Außer den drei Hauptbewußtseinszuständen (Wachbewußtsein, traumloser Schlaf, Schlaftraum) kennt man eine Reihe von veränderten Bewußtseinszuständen, die teilweise autonom, also von selbst, auftreten und daher jedermann bekannt sind, teilweise hingegen induziert, also künstlich hervorgerufen werden können.

Der leicht benommene, schlaftrunkene Zustand der Frau unseres Fallbeispiels unmittelbar nach ihrem Erwachen wird in der Fachsprache der Psychologie als »hypnopomp« bezeichnet, während jener andere Zustand zwischen Wachen und Schlafen, der dem Einschlafen unmittelbar vorausgeht, als »hypnagog« bezeichnet wird.

Diese beiden Zustände treten bei allen Menschen regelmäßig auf, und auch die Zustände einer wohligen Entspanntheit oder eines leichten Dämmerns bei großer Ermüdung, das Tagträumen usw. kennt wohl jeder aus eigener Erfahrung. Zu den künstlich hervorgerufenen Veränderten Bewußtseinszuständen zählen solche, die durch Drogen hervorgerufen werden (am weitesten verbreitet der alkoholische Rausch) und solche, die durch psychische Beeinflussung induziert werden, wie etwa Trance, Hypnose u.v.a.m.

Umfrageergebnisse haben auch gezeigt, daß der bei weitem größte Teil spontaner parapsychologischer Erlebnisse sich auf Träume bezieht, die dann vielfach auch als bedeutungsvoll empfunden werden.

2. Räumliches Hellsehen

In der Hellsehsituation ist nur *eine* Person beteiligt (der Perzipient), die statt eines psychischen Inhaltes nun einen objektiven Sachverhalt auf paranormale Weise wahrnimmt, z.B., was sich in einem geschlossenen Behälter befindet.

Da aber – um bei diesem Beispiel zu bleiben – der in dem verschlossenen Behälter befindliche Gegenstand von einem Menschen hineingetan worden ist, kann man eigentlich gar nicht unterscheiden, ob bei einem »Rateerfolg« nun Telepathie oder Hellsehen im Spiel ist; zumeist handelt es sich um Mischformen.

3. Präkognition

Präkognition schließlich bedeutet, mit einem treffenden Ausdruck des Parapsychologen H. C. Berendt, den »Sprung über die Zeit«: es handelt sich also um zukünftige Ereignisse, die in Form von Vorgefühlen, Ahnungen, Träumen, spontanem Wissen antizipiert werden. Auch hier steht bei den Spontanfällen das Erlebnis im Traum im Vordergrund. So, wie normalerweise kürzlich vergangene Ereignisse, sogenannte »Tagesreste«, als Traumauslöser wirken, treten im Fall der Präkognition Ereignisse aus der nahen Zukunft als Traumauslöser auf, und zwar umso deutlicher, je näher das Ereignis liegt. Wie auch sonst in der Sprachlichkeit des Traumes werden die betreffenden Ereignisse häufig nicht klar wahrgenommen, sondern sie sind symbolisch eingekleidet:

Jemand träumt z.B., seinen Bruder am Bahnsteig mit einem ungewöhnlich langen Koffer in der Hand warten, sodann in den Zug steigen und offensichtlich abreisen zu sehen, und am nächsten Tag stirbt dieser Bruder, woraufhin es dem Träumer erst so richtig klar wird, daß der überdimensionale Koffer eigentlich einen Sarg bedeutet hat, und daß die Abreise der Abschied für immer gewesen ist.

Psychokinese

Diesen drei gleichsam passiven Modalitäten der Außersinnlichen Erfahrung – Telepathie, Hellsehen, Präkognition – steht die Psychokinese als die aktive, in die Außenwelt gerichtete Seite der parapsychologischen Phänomenik gegenüber. Psychokinese, wie erwähnt wörtlich »Bewegung durch die Seele«, bedeutet in einem allgemeineren Sinn eine psychisch geleitete Einflußnahme auf materielle Objekte unter Vermeidung der normalen Bewegungen durch den

Muskelapparat, also eine »Außermotorische Aktivität«, zumeist Bewegung auf Entfernung bzw. ohne Berührung.

Bekannte Spontanfälle von Psychokinese, wie sie immer wieder berichtet worden sind und berichtet werden, sind das »von selbst erfolgte« Stehenbleiben einer Uhr oder das Zerspringen eines Glases im Augenblick des Todes eines nahen Angehörigen, was man auch als »Anmelden« Sterbender bezeichnet. Freilich, vom Standpunkt einer sich als Wissenschaft verstehenden Parapsychologie wird man das nicht so einfach hinnehmen können. Von rein zufälligen Koinzidenzen einmal abgesehen, und weiters davon abgesehen, daß es begrifflich schwer fällt, den genauen Augenblick des Todes festzulegen (die Diskussion um die Organentnahme für Transplantationszwecke hat diese Problematik in den Vordergrund gerückt), fragt es sich, ob es wirklich der Sterbende selbst war, der die Uhr »angehalten hat« oder das Glas »zerspringen hat lassen«. Man kann sich genauso gut vorstellen, daß ein Angehöriger in Form von Telepathie vom Sterben des Betroffenen unbewußte Kenntnis erlangt hat, die jedoch nicht frei ins Bewußtsein gestiegen ist, sondern als Aktion in die materielle Außenwelt projiziert worden ist und das Glas zerspringen, die Uhr stehenbleiben hat »lassen«. Bei diesem Modell wäre also zunächst die Aktivität auf der Seite der lebenden Personen und nicht auf der der Sterbenden oder Verstorbenen zu suchen. Allerdings ist die moderne Parapsychologie noch vorsichtiger geworden und stellt das Modell einer aktiven Beeinflussung (»mind over matter« – »der Geist beherrscht die Materie«) in Zweifel, zugunsten von Modellvorstellungen, die bloß von »akausalen Korrelationen« sprechen.

Wenn ich aufgrund der zahlreichen Spontanfälle, welche mit Sterben und Tod zu tun haben, mit derartigen Fällen begonnen habe, so ist die Psychokinese keineswegs darauf beschränkt. Vor fünfundzwanzig Jahren ist Uri Geller mit dem Löffelbiegen berühmt geworden, wobei gerade in diesem Fall, der mehr im ShowBiz angesiedelt ist als in nüchterner wissenschaftlicher Untersuchung, kein abschließendes Urteil möglich ist. Aber es hat damals in aller Welt Kinder und Jugendliche gegeben, die Ähnliches konnten, einige davon habe ich selbst zu untersuchen Gelegenheit gehabt, und wenn auch das öffentliche Interesse nachgelassen hat, so gibt es, gleichsam im Verborgenen, solche Fälle auch heute noch. Ob man jetzt sagen soll, die Besteck- oder anderen Metallteile biegen sich *unter dem Einfluß* der betreffenden Person (des Psychokineten), oder *in Abhängigkeit von seiner Anwesenheit*, macht für den Laien vielleicht kaum einen Unterschied – für den Parapsychologen bedeutet es ein ganz anderes Modell für das Verständnis dieser Phänomene.

Spuk und Poltergeist

Vielfach werden scheinbar unerklärliche Erscheinungen berichtet, Ortsveränderungen von Gegenständen des Haushalts oder der Büroeinrichtung, die meist koboldhaften, schabernackartigen Charakter tragen und gerne auch als »Poltergeist« bezeichnet werden, ein deutsches Wort, welches auch in die englische Sprache Eingang gefunden hat. Bei genauerer Beobachtung stellt man dann fest, daß diese psychokinetischen Phänomene rund um eine Person wahrgenommen werden, die man dann als Fokusperson bezeichnet. Oft sind derartige Fokuspersonen Kinder und Jugendliche, welche in einem gewissen sozialen Umfeld die Spannungen, unter denen sie leiden, einfach in die Außenwelt projizieren. Der bekannteste Fall dieser Art im deutschen Sprachraum hat sich vor rund dreißig Jahren in einer

Anwaltskanzlei in Rosenheim zugetragen und ist, unter Einschaltung von Physikern des Max Planck-Instituts für Plasmaphysik, bestens dokumentiert worden. Der Volksmund kennt diese Erscheinungen als »Spuk«, genauer gesagt, als »personengebundenen Spuk«; um sich von dieser vorwissenschaftlichen Bezeichnung abzuheben, spricht man in der Parapsychologie lieber von RSPK (= Recurrent Spontaneous Psychokinesis = wiederholte spontane Psychokinese). Weil solche Fälle, wie sie immer wieder, auch in unserer Gegenwart, berichtet werden, großes öffentliches Interesse erregen, gibt es freilich auch »Nachahmungstäter«, die mit *normalen* Mitteln (im Gegensatz zum *Paranormalen*) ein Spukgeschehen imitieren, wie z.B. der seinerzeit bekannte »Chopper«-Fall in einer Zahnarztpraxis. – Dem personengebundenen Spuk steht der »ortsgebundene« Spuk gegenüber, der weit problematischer ist, denn die an solchen Spukorten oder -häusern gemachten außergewöhnlichen Beobachtungen treten nur sporadisch, vermutlich auch in Abhängigkeit von der Sensitivität des Wahrnehmenden, auf und entziehen sich einer systematischen Beobachtung und Erforschung.

Psi im Laboratorium

Dieser kurze Streifzug durch die Phänomene der Parapsychologie hat sich auf spontan auftretende Phänomene konzentriert, weil wir es ja auch mit den historischen Fällen der Habsburger mit Spontanfällen zu tun haben. Wenn es irgendwie geht, wird sich jedoch die Wissenschaft nicht damit begnügen, spontan Auftretendes zu beobachten und zu sammeln, sondern will damit auch selbständige Experimente anstellen, die Phänomene also von der Natur ins Labor holen. In diesem Sinne ist mir wichtig, festzuhalten, daß sich folgerichtig die moderne Parapsychologie im wesentlichen als eine experimentelle Wissenschaft versteht, die zur Erforschung dieser Phänomene die verschiedensten Experimente und zur Auswertung derselben statistische Methoden entwickelt hat. Die bekannteste Persönlichkeit ist der Amerikaner J. B. Rhine, der in den späten Zwanzigerjahren damit begonnen hat, Experimente zur Außersinnlichen Wahrnehmung (Extra Sensory Perception, ESP) auf der Basis des Erratens von Spielkarten zu entwickeln, freilich nicht die üblichen Karten, sondern Sets von 25 Karten mit 5 verschiedenen Symbolen (Stern, Kreis, Kreuz, Quadrat, Wellenlinie). Für Psychokineseversuche hat Rhine das Fallen oder Rollen von Würfeln herangezogen, welches seine Versuchspersonen zu beeinflussen hatten. Es handelt sich hierbei um Massenexperimente, wobei das Resultat des Einzelversuchs nichts aussagt, sondern nur das Gesamtergebnis, das einen bestimmten Trefferüberhang über dem zu erwartenden statistischen Wert aufweist (oder auch nicht). Heutzutage werden solche Experimente voll-computerisiert durchgeführt; hinsichtlich der Außersinnlichen Wahrnehmung lautet das Schlagwort »Ganzfeldexperiment«, eine von Charles Honorton eingeführte Methode, die mittlerweile sozusagen das Standardexperiment darstellt. Bei den Experimenten zur Psychokinese steht der Versuch, das Verhalten von Zufallsgeneratoren zu beeinflussen, im Vordergrund. Andere experimentelle designs beziehen sich auf das Keimungsverhalten von Saatgut und andere biologische Reaktionen.

Interpretationsfragen

Bisher haben wir die einzelnen Phänomene isoliert betrachtet – im Experiment treten sie ja aufgrund der Entscheidung des Experimentators isoliert auf, aber im Spontanfall sind sie stets in einen gewissen Kontext eingebettet. Sehr häufig ist das ein Kontext rund um Sterben und Tod, und es stellt sich dann die Frage, ob die auftretenden Phänomene von *dieser* Welt sind oder, wie sie es manchmal scheinen, aus einer *anderen* Welt stammen, wie dies eben die Spiritisten glauben. Hier tut sich – jenseits der Phänomene als solcher – ein gewisser Interpretationsbedarf auf.

Ich möchte zum Abschluß dieses Kapitels darstellen, wie man vom parapsychologischen Standpunkt an einen solchen Fall herangeht, sei es ein Fall der Gegenwart, sei es ein historischer Fall wie die der Habsburger in den Kapiteln dieses Buches:

(Mein nunmehr folgender »Fall« ist erfunden, aber entspricht genau dem Ablaufmuster, wie es in tausenden realen Fällen erlebt und berichtet wird, nur ist er halt nicht mir persönlich widerfahren.)

Im Traum erscheint mir meine längst verstorbene Mutter und warnt mich, vorsichtig zu sein, am nächsten Tage stünde mir Unheil bevor. So gewarnt, fahre ich am nächsten Tag besonders vorsichtig und kann einem drohenden Verkehrsunfall gerade noch entgehen.

Ist so eine Erfahrung als eine Warnung aus dem Jenseits zu qualifizieren? Kann daraus auf ein Fortleben im Jenseits geschlossen werden?

Zunächst ist es unsere Sprache, die uns irreführt, die Sprache, die unbewußt die mythischen Vorstellungen jahrtausendalter Vergangenheit mit sich führt. Die traditionelle Ausdrucksweise »meine verstorbene Mutter erscheint mir im Traum« verlegt die Aktivität grundlos in meine Mutter. Wenn ich von einer lebenden Person spreche, würde ich kaum diese Wortwahl nehmen; träumte ich z.B. von der Haupt-Autorin dieses Buches, so würde ich schlicht sagen, ich habe von GPB geträumt, wobei bei dieser Ausdrucksweise die Aktivität bei mir selbst, dem Träumenden, liegt: ich habe schlicht und einfach mein Erinnerungsbild von GPB aktiviert, und die wirkliche GPB hat damit gar nichts zu tun. Warum sollte es im Falle des Traumes von meiner Mutter anders sein? Ich habe sie selbst in diesem Traum anhand meines Erinnerungsbildes gestaltet, sie ist *mein* Traumbild, sonst nichts.

Der nächste Aspekt betrifft die präkognitive Aussage als solche. Wie wir wissen, spiegelt sich – nebst Tod und schwerer Erkrankung – drohendes Unheil, Unfall und Unfallgefahr besonders häufig in spontaner Präkognition, hier haben wir es also mit einem Element an sich zu tun, das wir zwanglos in den bisherigen Erfahrungsschatz einordnen können. (Eine andere Frage ist, warum gerade diese negativen Elemente bevorzugt auftreten; dazu sind Spekulationen geäußert worden, die darin einen entwicklungsgeschichtlichen Vorteil sehen.)

Das dritte Element betrifft dann die Realsituation am nächsten Tag: habe ich wirklich aufgrund des Warntraums den Unfall vermieden? Wäre mir das nicht auch sonst gelungen? Wie viele Fast-Unfälle habe ich nicht schon erlebt, hat nicht jeder Autofahrer schon erlebt? Und bin ich nicht vielleicht aufgrund der Warnung besonders vorsichtig, d.h. vielleicht auch besonders langsam gefahren, sodaß ich dadurch erst recht in jene Situation hineingekommen bin, die sich als unfallträchtig herausgestellt hat? (Man spricht in ähnlichen Fällen von einer self-fulfilling prophecy, einer sich selbst erfüllenden Voraussage.)

Mit einem Wort, eine Unzahl offener Fragen, auf die es keine definitive Antwort gibt und geben kann.

Wundern wir uns daher nicht, wenn bei den historischen Spontanfällen der Habsburger auch mehr offen bleibt, als ausgesagt werden kann.

Psychohygiene

Unter psychischer Hygiene versteht man gleichsam »seelischen Gesundheitsschutz«. Gemeint ist damit, durch Aufklärung über die Forschungsresultate der Parapsychologie (und anderer psychologischer Disziplinen) und durch eine realistische Analyse – wie sie exemplarisch im letzten Abschnitt vorgeführt worden ist – einer irreführenden Interpretation vorzubeugen bzw. diese, so vorhanden, abzubauen. Es geht um die Vermeidung irrationaler Überhöhungen, magischer Befürchtungen und ähnlicher Fehlhaltungen. In diesem Sinne ist nach Hans Bender die Psychohygiene aus humanitären Gründen eine permanente Begleitaufgabe der Parapsychologie. An den ungewöhnlichen Erfahrungen der Habsburger können wir uns vor Augen halten, daß alles einer rationalen Analyse und Interpretation zugänglich ist und weder Irrationales noch Metaphysisches Platz zu greifen braucht – wenn sich gewiß auch nicht alle Fälle bis ins letzte Detail erklären lassen.

Peter Mulacz

Literaturverzeichnis

Kurt *Allgeier*, Die Prophezeiungen des Nostradamus. Erstmals vollständig übersetzt, kommentiert und neu gedeutet. München 1988.

Eberhard *Bauer* (Hg.), Psi und Psyche. Neue Forschungen zur Parapsychologie. Festschrift für Hans Bender. Stuttgart 1974.

Hans *Bender*, Verborgene Wirklichkeit. Parapsychologie und Grenzgebiete der Psychologie. Olten 1973.

ders., Zukunftsvisionen, Kriegsprophezeiungen, Sterbeerlebnisse. München 1983.

Franz Severin *Berger*/Christiane *Holler*, Mythen, Spuk und gute Geister. Wien, München, Zürich 1998.

Hans Theodor *Brik*, Unheimliche Phänomene. Tatsachenberichte aus dem Bereiche des Übersinnlichen. Wien, Linz, Passau s.a. (nach 1967).

N. *Centurio* (vermutlich ein Pseudonym, da der Name wie die Kapitelüberschriften – sie heißen »Centurien« – klingt), Nostradamus. Der Prophet der Weltgeschichte. Berlin 1955.

Egon Caesar Conte *Corti*, Elisabeth – »Die seltsame Frau«. Nach dem schriftlichen Nachlaß der Kaiserin, den Tagebüchern ihrer Tochter und sonstigen unveröffentlichten Tagebüchern und Dokumenten. Salzburg, Leipzig 1934.

Erich *Feigl*, Zita, Kaiserin und Königin. Wien, München 1991 (1977).

Camille *Flammarion*, Rätsel des Seelenlebens. Stuttgart s.a.

Erzherzog *Johann*, Einblicke in den Spiritismus. Linz 1884.

Brigitte *Hamann* (Hg.), Kaiserin Elisabeth. Das poetische Tagebuch. Wien 1995.

L(azar). B.(aron). *Hellenbach*, Eine Entgegnung auf die Brochure ›Einblicke in den Spiritismus‹. Leipzig 1884.

Verena von der *Heyden-Rinsch*, Tagebuchblätter von Constantin Christomanos. München 1983.

Hellmut *Hofmann*/Peter *Mulacz* (Hg.), PSI – die »andere Wirklichkeit«. Gedankenleser, Löffelbieger und Rutengänger im Licht der Wissenschaft. Wien/Klosterneuburg 2001.

Lotte *Ingrisch*, Reiseführer ins Jenseits. Wien, München, Zürich, Innsbruck 1980.

Max *Kemmerich*, Prophezeiungen. Alter Aberglaube oder neue Wahrheit? München 1911.

Jeremy *Kingston*, Große Mysterien. Rätselhafte Begebenheiten. Mannheim 1979.

Alexander *Lernet-Holenia*, Die Geheimnisse des Hauses Österreich. Roman einer Dynastie. Zürich 1971.

W. Peter *Mulacz*, Der sogenannte wissenschaftliche Spiritismus als parapsychologisches Problem. In: Oskar *Schatz* (Hg.), Parapsychologie. Ein Handbuch. Graz, Wien, Köln 1976.

Maurice *Paléologue*, Elisabeth, Impératrice d'Autriche (das von Kaiserin Zita im Text zitierte Buch konnte ich weder in einer Bibliothek noch in einem Antiquariat finden. Bei der wiedergegebenen Fassung scheint es sich um die französische Ausgabe aus dem Jahr 1958 zu handeln).

Gabriele *Praschl-Bichler*/J. *Cachée*, »... von dem müden Haupte nehm' die Krone ich herab« – Kaiserin Elisabeth privat. Wien, München, Berlin 1995.

dies., Kaiserin Elisabeth – Mythos und Wahrheit. Mit Kommentaren von Gerti Senger und Walter Hoffmann. Wien 1996.

dies., »Gott gebe, daß das Glück andauere« – Liebesgeschichten und Heiratssachen im Hause Habsburg. Wien, München 1997.

Roman *Rocek*, Die neun Leben des Alexander Lernet-Holenia. Eine Biographie. Wien 1997.

Martha *Schad*/Horst *Schad*, Marie Valérie. Das Tagebuch der Lieblingstochter von Kaiserin Elisabeth von Österreich. München 1998.

Albert Freiherr von *Schrenck-Notzing*, Grundfragen der Parapsychologie. Stuttgart 1962.

Brigitte *Sokop*, Jene Gräfin Larisch … Marie Louise Gräfin Larisch-Wallersee. Vertraute der Kaiserin – Verfemte nach Mayerling. Wien, Köln, Weimar 1992 (1985).

Julius *Szeps*, Kronprinz Rudolf. Politische Briefe an einen Freund 1882 – 1889. Wien, München, Leipzig 1922.

(Gräfin Irma *Sztáray*), Aus den letzten Jahren der Kaiserin Elisabeth. Wien 1909.

Maria Freiin von *Wallersee(-Larisch)*, Kaiserin Elisabeth und ich. Leipzig 1935.

Ghislaine *Windisch-Graetz*, Kaiseradler und rote Nelke. Wien, München 1988.

Will *Winker*, Kaiser Maximilian I. zwischen Traum und Wirklichkeit. München 1950.

Abgekürzte Literatur

Bender I = Hans *Bender*, Verborgene Wirklichkeit ...

Bender II = Hans *Bender*, Zukunftsvisionen, Kriegsprophezeiungen, Sterbeerlebnisse ...

Gräfin Larisch = Brigitte *Sokop*, Jene Gräfin Larisch ... Marie Louise Gräfin Larisch-Wallersee. Vertraute der Kaiserin – Verfemte nach Mayerling ...

Marie Valérie, Datum = Martha *Schad*/Horst *Schad*, Marie Valérie. Das Tagebuch der Lieblingstochter von Kaiserin Elisabeth von Österreich ...

Mythos = Gabriele *Praschl-Bichler*, Kaiserin Elisabeth. Mythos und Wahrheit ...

Kronprinz Rudolf = Julius *Szeps*, Kronprinz Rudolf. Politische Briefe an einen Freund 1882 – 1889 ...

»von dem müden Haupte ...« = G. *Praschl-Bichler*/J. *Cachée*, »... von dem müden Haupte nehm' die Krone ich herab« – Kaiserin Elisabeth privat.